U0941868

全国政协办公厅2024年第三季度理论研讨会论文集

广聚改革合力

——学习贯彻党的二十届三中全会精神

全 国 政 协 办 公 厅 研 究 室
中国人民政协理论研究会秘书处 编

人民日报出版社
北 京

图书在版编目（CIP）数据

广聚改革合力 / 全国政协办公厅研究室，中国人民政协理论研究会秘书处编 . -- 北京 ：人民日报出版社，2024. 12. -- ISBN 978-7-5115-8602-5

I. D627-53

中国国家版本馆 CIP 数据核字第 2024M1W674 号

书　　名：**广聚改革合力**
GUANGJU GAIGE HELI
编　　者：全国政协办公厅研究室　中国人民政协理论研究会秘书处

出 版 人：刘华新
责任编辑：程文静　杨晨叶
装帧设计：王立伟

出版发行：人民日报出版社
社　　址：北京金台西路2号
邮政编码：100733
发行热线：（010）　65369509
邮购热线：（010）　65369509
编辑热线：（010）　65363530
网　　址：www.peopledailypress.com
经　　销：新华书店
印　　刷：北京汇瑞嘉合文化发展有限公司
法律顾问：北京科宇律师事务所010-83622312

开　　本：710mm×1000mm　　1/16
字　　数：162千字
印　　张：15.25
版次印次：2024年12月第1版　　2024年12月第1次印刷

书　　号：ISBN　978-7-5115-8602-5
定　　价：68.00元

编 委 会 名 单

代　序*

学习好贯彻好党的二十届三中全会精神，是当前和今后一个时期全党全国的一项重大政治任务。2024 年是人民政协成立 75 周年，总结 75 年来的历程和经验，深化规律性认识，谋划政协理论创新、制度创新、工作创新举措，具有十分重要的意义。今天，我们举行全国政协办公厅 2024 年第三季度理论研讨会，主题是“学习贯彻党的二十届三中全会精神，总结人民政协 75 年来的发展历程和宝贵经验，以改革创新精神推进新时代人民政协事业发展”。王沪宁主席对这次研讨会高度重视，亲自审定会议方案，也审看了会议发

* 2024 年 8 月 27 日，全国政协副主席兼秘书长、中国人民政协理论研究会会长王东峰在全国政协办公厅 2024 年第三季度理论研讨会上的讲话。

言材料。

刚才，13位同志结合各自研究专长和工作实际作了发言，既有对进一步全面深化改革有关重大理论和实践问题的阐释，也有对进一步深化相关领域改革具体问题的解读和抓落实的创新举措，包括对人民政协75年辉煌历程和经验启示的梳理总结，思想认识有高度，分析阐释有深度，意见建议有精度，听了很受启发、很有收获。下面，我也谈一些认识和体会，同大家交流。

一、坚持政治站位，持续深化对党的二十届三中全会精神的学习宣传和研究阐释

党的二十届三中全会是在以中国式现代化全面推进强国建设、民族复兴伟业的关键时期召开的一次十分重要的会议，全会通过的《中共中央关于进一步全面深化改革、推进中国式现代化的决定》（以下简称《决定》）是新时代新征程上推动全面深化改革向广度和深度进军的总动员、总部署，充分体现了以习近平同志为核心的党中央完善和发展中国特色社会主义制度、推进国家治理体系和治理能力现代化的历史主动，以进一步全面深化改革开辟中国式现代化广阔前景的坚强决心。全会胜利闭幕后，全国政协党组第一时间召开会议，传达学习全会精神，就全国政协各级党组织学习宣传贯彻全会精神作出工作部署。7月下旬

召开的全国政协十四届常委会第八次会议，围绕学习贯彻全会精神进行了专题学习研讨，深化了思想认识、凝聚了改革共识和力量。今天的研讨会是全国政协加强理论研究的一项机制性安排，也是推动学习贯彻全会精神走深走实的具体举措。

第一，加强对全会精神的研究阐释，是人民政协坚持党的全面领导的必然要求。习近平总书记强调："思想统一是政治统一、行动统一的基础。在政治上行动上同党中央保持高度一致，首先要在思想上同党中央保持高度一致。"强调："要学习贯彻党的基本理论、基本路线、基本方略，不断增进对中国共产党和中国特色社会主义的政治认同、思想认同、理论认同、情感认同。"人民政协是党领导下的政治组织，全国政协机关是政治机关，是践行"两个维护"的第一方阵，必须始终在思想上政治上行动上同以习近平同志为核心的党中央保持高度一致。同党中央保持高度一致，就要在党的基本理论、基本路线、基本方略上保持高度一致，在贯彻落实党中央重大决策部署和习近平总书记重要指示批示精神上保持高度一致。人民政协深化对党的二十届三中全会精神的学习宣传和研究阐释，既是重大政治责任，也是一项重要的履职工作。我们要深刻领悟"两个确立"的决定性意义，增强"四个意识"、坚定"四个自信"、做到"两个维护"，坚持政治站位、强化责任担当，在学习理论上有更强的自觉，在学懂弄通做实上有更高的要求，引导各党派团体和各族各界人士深刻把握进一步全面深化改革的重大意义、重大原则、重大举措、根本保证，把党中央决策部署转化为社会各界的共同意志和自觉行动。

第二，加强对全会精神的研究阐释，是人民政协更好围绕党和国家中心任务履职尽责的必然要求。习近平总书记强调，人民政协要“聚焦党和国家中心任务履职尽责”；强调，要“深入调查研究，积极建言资政，广泛凝聚共识，助力中国式现代化建设”。人民政协只有围绕中心任务协商议政，才能找准位置、瞄准靶心、发挥作用。党的二十届三中全会科学谋划了围绕中国式现代化进一步全面深化改革的总体部署，明确了“七个聚焦”，提出了300多项重要改革举措，覆盖推进中国式现代化的各个领域。每一个提法、每一项举措都经过了深入论证、反复打磨，具有深刻的政治意涵和政策内涵。只有认真学习研究，才能知其言又知其义、知其然又知其所以然，建言献策才能把牢方向、明晰重点、找准对策。全国政协有34个界别、10个专门委员会，履职范围涵盖推进中国式现代化的方方面面，必须把全会精神学习到位、研究透彻，分门别类梳理研究各项改革部署，找准履职的方向、重点，自觉做到党和国家中心任务推进到哪里、人民群众利益关切聚焦到哪里，政协的力量就汇聚到哪里、作用就发挥到哪里，助推各项改革举措落地见效。

第三，加强对全会精神的研究阐释，是人民政协巩固团

结奋斗的共同思想政治基础的必然要求。习近平总书记强调，“凝聚共识对改革能否成功至关重要”；强调，“要巩固和发展最广泛的爱国统一战线，画好强国建设、民族复兴的最大同心圆”。人民政协是大团结大联合的象征，是一致性和多样性的统一体。政协委员来自方方面面，对一些问题的看法和认识不一定完全相同；全面深化改革必将面对很多深层次矛盾和问题，统一思想、凝聚共识尤为重要。通过深化对党的二十届三中全会精神的学习宣传和研究阐释，引导各党派团体和各族各界人士坚定改革方向、增强改革信心、服务改革大局，是人民政协作为最广泛的爱国统一战线组织的职责所在、优势所在。要积极宣传新时代以来我国全面深化改革取得的伟大成就，多做宣传政策、解疑释惑的工作，最大限度凝聚改革共识、激发改革活力，这也是政协和政协机关的政治责任。

二、坚持用党的创新理论武装头脑，深刻把握习近平总书记关于全面深化改革的一系列新思想、新观点、新论断

党的十八大以来，习近平总书记在科学总结历史经验的基础上，立足改革开放新实践，把马克思主义基本原理同中国具体实际相结合、同中华优秀传统文化相结合，创造性地提出一系列关于全面深化改革的新思想、新观点、新论断，构成一个内涵丰富、系统完备、逻辑严密的理论体系，科学

回答了新时代为什么要全面深化改革、怎样推进全面深化改革等重大问题，构成习近平新时代中国特色社会主义思想最为丰富、最为生动、最富创意的组成部分。我们要结合政协履职实践和本职工作实际，全面系统学、深入思考学、融会贯通学，始终用党的创新理论武装头脑、指导实践、推动工作，重点从以下几个方面深化学习领会和研究阐释。

第一，深刻把握改革开放是党和人民事业大踏步赶上时代的重要法宝。习近平总书记强调，“改革开放是当代中国发展进步的活力之源，是我们党和人民大踏步赶上时代前进步伐的重要法宝，是坚持和发展中国特色社会主义的必由之路”；强调，“改革开放是决定当代中国命运的关键一招，也是决定实现‘两个一百年’奋斗目标、实现中华民族伟大复兴的关键一招”。这些重要论述，深刻阐明了全面深化改革所处的历史方位和重大作用，表明了我们党将改革开放进行到底的坚定决心。习近平总书记在全会上的重要讲话中，用“三个面对”“六个必然要求”集中阐述了进一步全面深化改革的重要性和必要性，并在关于《决定》的说明中深刻阐述了“四个迫切需要”。我们要深刻认识新时代全面深化改革的历史性成就，深刻领会进一步全面深化改革的重大意义，切实把思想和行动统一到习近平总书记关于全面深化改革的重要论述上来、统一到全会精神上来，不断夯实深刻理解改革、自觉拥护改革、坚定支持改革、扎实推动改革的共同思想政治基础。

第二，深刻把握进一步全面深化改革的根本保证。习近平总书记在庆祝改革开放40周年大会上从9个方面全面总结改革开放的宝贵经验，第一条就是“必须坚持党对一切工作的领导，不断加强和改善党的领导”。全会《决定》明确进一步全面深化改革必须贯彻的“六个坚持”重大原则，第一条是坚持党的全面领导。新时代全面深化改革的一个鲜明特点，就是党的领导全面加强，党总揽全局、协调各方的领导核心作用充分发挥。习近平总书记亲自挂帅中央全面深化改革领导小组、中央全面深化改革委员会，提出一系列具有原创性、突破性、战略性、指导性的重大理论，指引和推动改革实现由局部探索、破冰突围到系统集成、全面深化的历史性转变，各领域基础性制度框架基本建立，许多领域实现历史性变革、系统性重塑、整体性重构。放眼世界，没有哪个国家和政党，能在这么短时间内推动这么大范围、这么大力度的改革；没有哪个国家的领导人，能有这样的政治气魄和历史担当。实践充分证明，坚持党的全面领导是进一步全面深化改革、推进中国式现代化的根本保证。新征程上，必须更加自觉地坚持党中央对进一步全面深化改革的集中统一领导，把党的领导贯穿改革各方面全过程，确保改革思想一致、认识一致、步调一致，始终沿着正确政治方向前进。

第三，深刻把握进一步全面深化改革的总目标。习近平总书记强调，“我们的改革开放是有方向、有立场、有原则的”；强调，“进一步全面深化改革，要锚定完善和发展中国特色社会主义制度、推进国家治理体系和治理能力现代化这个总目标”；强调，“中国的改革是中国特色社会主义制度的自我完善和发展”。这些重要论述，有力回答了改革举什么旗、走什么路、向什么目标前进等根本性问题。全会《决定》明确，进一步全面深化改革的总目标是继续完善和发展中国特色社会主义制度，推进国家治理体系和治理能力现代化。方向决定前途，道路决定命运。新征程上，必须以更大的勇气和智慧进一步全面深化改革，加强顶层设计、总体谋划，破立并举、先立后破，筑牢根本制度，完善基本制度，创新重要制度，推动各方面制度有机衔接、系统集成、协同高效，这样才能不断把我国制度优势更好转化为国家治理效能，更好支撑和服务中国式现代化。

第四，深刻把握进一步全面深化改革的主题。习近平总书记强调，“进一步全面深化改革，要紧扣推进中国式现代化这个主题”；强调，“面对新形势新任务，我们必须通过全面深化改革，着力解决我国发展面临的一系列突出矛盾和问题，不断推进中国特色社会主义制度自我完善和发展”。党的二十大擘画了以中国式现代化全面推进强国建设、民族复兴伟业的宏伟蓝图。中国式现代化是在改革开放中不断推进的，也必将在改革开放中开辟广阔前景。新征程上，必须聚焦中国式现代化的重大问题谋划推进改革，有效应对重大风险挑战，谱写好深化市场化改革、扩大高水平开放、加快创新驱动发展等的新篇章，推动党和国家事业行稳致远。

第五，深刻把握全面深化改革的根本宗旨。习近平总书记强调，“为了人民而改革，改革才有意义；依靠人民而改革，改革才有动力”；强调，“要从人民的整体利益、根本利益、长远利益出发谋划和推进改革”。全会《决定》关于进一步全面深化改革的指导思想中明确“以促进社会公平正义、增进人民福祉为出发点和落脚点”，把“聚焦提高人民生活品质”作为“七个聚焦”之一，把“坚持以人民为中心”作为重要原则，并对“健全保障和改善民生制度体系”作出具体部署，还从健全全过程人民民主制度体系、完善城乡融合发展体制机制、优化文化服务和文化产品供给机制、加强人权执法司法保障等多个方面提出明确要求。新征程上，必须把牢进一步全面深化改革的价值取向，认真倾听人民心声，多推出一些民生所急、民心所向的改革举措，抓住人民最关心最直接最现实的利益问题推进重点领域改革，努力做到改革为了人民、改革依靠人民、改革成果由人民共享。

第六，深刻把握进一步全面深化改革的科学方法。习近平总书记强调，“改革是由问题倒逼而产生，又在不断解决问题中而深化”；强调，“进一步全面深化改革要突出问题导向，着力解决制约构建新发展格局和推动高质量发展的卡点堵点问题、发展环境和民生领域的痛点难点问题、有悖社会公平正义的焦点热点问题”。全会《决定》坚持问题导向，部署了一系列重大改革举措。比如，如何构建高水平社会主义市场经济体制，如何健全宏观经济治理体系和推动高质量发展体制机制，如何完善支持全面创新、城乡融合发展等体制机制，如何构建支持全面创新体制机制，如何完善高水平对外开放体制机制，如何健全全过程人民民主制度体系，等等。全面深化改革越是向纵深推进，触及的利益矛盾越复杂尖锐、硬骨头越难啃，越需要注意方式方法。全会《决定》明确了“六个坚持”的原则，为进一步全面深化改革提供了重要方法论指导。新征程上，我们要抓住主要矛盾和矛盾的主要方面，坚持目标导向和问题导向相结合，坚持以全局观念和系统思维谋划推进改革，坚决破除妨碍推进中国式现代化的思想观念和体制机制弊端，着力破解深层次体制机制障碍和结构性矛盾，推动各领域各方面改革举措同向发力、形成合力，增强整体效能。

总之，习近平总书记关于全面深化改革的一系列新思想、新观点、新论断，凝结着对改革开放以来特别是新时代全面深化改革宝贵经验的科学总结，是新时代全面深化改革理论创新、实践创新的最新成果，是新征程上指导进一步全面深化改革的强大思想武器。我们要持续深化对这些重要论述的学习研究，运用好贯穿其中的立场观点方法，抓好全会精神的研究阐释和贯彻落实，推动理论和实践研究不断取得新成效。

三、认真总结经验和规律，以改革创新精神推进新时代人民政协事业高质量发展

我们要把学习贯彻全会精神与做好新时代人民政协工作结合起来，总结人民政协 75 年来服务党和国家中心任务的工作经验，深化对政协工作的规律性认识，立足政协性质定位和履职实践，找准新时代新征程加强和改进工作的努力方向和着力重点，推动人民政协事业高质量发展。

第一，从党领导人民政协走过的光辉历程中把握政协制度独特优势，坚定不移走中国特色社会主义民主政治发展道路。75 年来，在中国共产党领导下，人民政协同共和国一起成长进步，走过了不平凡的历程，取得了重要成就，在建立新中国和社会主义革命、建设、改革各个历史时期发挥了重要作用。特别是党的十八大以来，在习近平新时代中国特色社会主义思想科学指引下，人民政协坚持性质定位，坚持团结和民主两大主题，坚持建言资政和凝聚共识双向发力，聚焦党和国家中心任务深入协商议政，创新方式载体提升政协协商质量，把握协商式监督定位积极开展民主监督，健全工作制度提高政协协商规范化水平，积极投身实现中华民族伟大复兴中国梦的伟大实践，开拓了工作新局面，政协面貌焕然一新。我们要结合人民政协 75 年的光辉历程和生动实践，深刻认识人民政协是中国共产党人把马克思主义基本原理同中国具体实际相结合、同中华优秀传统文

化相结合的光辉典范，深刻把握人民政协制度的独特优势和鲜明中国特色，坚定不移走中国特色社会主义民主政治发展道路，切实把人民政协制度坚持好、把人民政协事业发展好。

第二，认真总结人民政协75年实践积累的宝贵经验，把握做好人民政协工作的重要原则。75年来，人民政协始终在继承中发展，在发展中创新，在不同历史时期的履职实践中，积累了宝贵经验，形成了优良传统，为新征程上推进人民政协事业向前发展留下了宝贵财富。特别是党的十八大以来，人民政协始终以习近平新时代中国特色社会主义思想为指导，认真贯彻党中央决策部署和习近平总书记关于加强和改进人民政协工作的重要思想，推动政协理论创新、实践创新、制度创新取得积极成果。我们要学深悟透习近平总书记有关重要讲话，结合习近平总书记关于加强和改进人民政协工作的重要思想的新发展，联系近年来政协履职实际，不断深化对做好政协工作的规律性认识，深化对事关政协事业长远发展的重大理论和实践问题的研究，为提升专门协商机构工作效能、更好发挥制度优势提供理论支撑。

第三，抓实抓好党的二十届三中全会关于人民政协工作改革举措的贯彻落实，推动人民政协事业高质量发展。全会对健全全过程人民民主制度体系、健全协商民主机制等作出重要部署，明确提出发挥人民政协作为专门协商机构作用，健全深度协商互动、意见充分表达、广泛凝聚共识的机制，加强人民政协反映社情民意、联系群众、服务人民机制建设，完善人民政协民主监督机制等改革举措，为人民政协事业发展指明了前进方向。我们要认真落实全会部署要求，坚持改革创新，坚持以制度建设为主线，坚持系统观念、坚持问题导向，细化工作举措，切实把全会部署的改革举措落到实处。其中有很多问题需要进一步深化理论研究，广大委员和机关干部都要增强政治责任感和历史使命感，努力提出有价值的研究成果和工作建议。

目 录 MULU

进一步全面深化改革
必须坚持党的全面领导

陈　理

党的二十届三中全会强调，进一步全面深化改革要总结和运用改革开放以来特别是新时代全面深化改革的宝贵经验，贯彻坚持党的全面领导、坚持以人民为中心、坚持守正创新、坚持以制度建设为主线、坚持全面依法治国、坚持系统观念等原则。在这“六个坚持”中，坚持党的全面领导是宝贵经验的第一条，也是进一步全面深化改革要贯彻的重大原则中居于统领地位的首要一条，深刻揭示了我国改革开放事业取得巨大成功的根本原因，是进一步全面深化改革必须牢牢把握的正确政治方向。

坚持党的全面领导，是我国改革开放取得巨大成功的宝贵经验

办好中国的事情，关键在党。早在改革开放之初，邓小平同志就鲜明提出坚持四项基本原则，强调“这是实现四个现代化的根本前提”。后来又进一步强调“坚持四项基本原则的核心，就是坚持共产党的领导”。回顾我国改革开放历程可以清楚看到，改革开放作为一项开创性的全新事业、一场新的伟大革命，取得成功的原因是多方面的，但首要的、最根本的、最重要的原因在于始终坚持党中央对改革开放的集中统一领导。习近平总书记指出，“坚持党的领导，全面从严治党，是改革开放取得成功的关键和根本”。党的十八届三中全会总结改革开放成功实践的四条重要经验中，第一条，也是最重要的一条是“坚持党的领导”。在庆祝改革开放40周年大会上，习近平总书记系统总结改革开放积累的宝贵经验，位列第一的是“必须坚持党对一切工作的领导，不断加强和改善党的领导”。这些重要认识成果，是对我国改革开放宝贵经验的科学概括，深刻揭示了在党和国家面临何去何从的重大历史关头，我们能够实现伟大历史转折、开启改革开放和社会主义现代化建设新时期，能够成功应对来自各方面重大风险挑战、攻克无数艰难险阻，从落后时代到大踏步赶上时代的根本原因。

改革开放的成功实践充分证明，中国特色社会主义最本质的特征是中国共产党领导，中国特色社会主义制度的最大优势是中国共产党领导，中国共产党是最高政治领导力量，是做好党和国家各项工作的根本保证，也是我国改革开放和社会主义现代化建设事业不断从胜利走向新的更大胜利的根本保证。

坚持党的全面领导，是新时代改革开放开创全新局面的根本原因

党的十八大以来，中国特色社会主义进入新时代，我国改革又到了一个新的历史关头，改革进入攻坚期和深水区，需要解决的很多都是前所未有的新问题，面对的许多都是难啃的硬骨头，推进改革的复杂程度、敏感程度、艰巨程度不亚于改革开放初期。以习近平同志为核心的党中央坚持对改革的集中统一领导，总揽全局、协调各方，把方向、谋大局、定政策、促改革，不断把新时代全面深化改革推向前进。

我们党召开十八届三中全会专题研究全面深化改革问题，以完善和发展中国特色社会主义制度，推进国家治理体系和治理能力现代化的总目标为统领，对经济体制、政治体制、文化体制、社会体制、生态文明体制、国防和军队改革和党的建设制度改革作出全面部署，确定全面深化改革的战略重点、优先顺序、主攻方向、工作机制、推进方式和时间表、路线图，以前所未有的决心和力度推动改革向广度和深度进军。党中央专门成立中央全面深化改革领导小组，负责改革总体设计、统筹协调、整体推进、督促落实，后来又进一步升格为中央全面深化改革委员会，以更好发挥党总揽全局、协调各方的领导核心作用，保证改革顺利推进和各项改革任务落实。习近平总书记亲自担任组长和委员会主任，亲力亲为谋划指导改革，先后72次主持小组和委员会会议，审议通过超过600份改革文件，指引各方面出台3000多项改革方案并督促落实。在以习近平同志为核心的党中央坚强领导下，全党全国人民汇聚起全面深化改革的磅礴伟力，勇于冲破思想观念束缚，突破利益固化藩篱，敢于突进深水区，敢于啃硬骨头，敢于涉险滩，坚决破除各方面体制机制弊端，实现改革由局部探索、破冰突围到系统集成、全面深化的转变，各领域基础性制度框架基本建立，许多领域实现历史性变革、系统性重塑、整体性重构，开创了我国改革开放新局面，为新时代党和国家事业取得历史性成就、发生历史性变革提供强大动力和制度保障。这些历史性成就的取得，根本原因在于以习近平同志为核心的党中央坚强领导，在于习近平总书记掌舵领航，在于习近平新时代中国特色社会主义思想科学指引。坚持党的全面领导，是新时代党和人民事业从赶上时代到引领时代的根本原因。

坚持党的全面领导，是新征程上进一步全面深化改革、推进中国式现代化的根本保证

党的二十大擘画了全面建设社会主义现代化国家的宏伟蓝图，确立了以中国式现代化全面推进强国建设、民族复兴伟业的中心任务，对全面深化改革作出战略部署。新的形势任务对坚持和加强党的全面领导提出新的更高要求。

从外部环境看，当今世界百年变局加速演进，世界之变、时代之变、历史之变正以前所未有的方式展开，世界进入新的动荡变革期，我国发展进入战略机遇和风险挑战并存、不确定难预料因素增多的时期，来自外部的打压遏制不断升级，必须准备经受风高浪急甚至惊涛骇浪的重大考验。从国内发展看，当前和今后一个时期是以中国式现代化全面推进强国建设、民族复兴伟业的关键时期，我们面临的形势环境之复杂前所未有，肩负的改革发展任务之艰巨前所未有。拿推进高质量发展这个全面建设社会主义现代化国家的首要任务来说，面对发展不平衡不充分问题仍然突出、推进高质量发展还有许多卡点瓶颈、科技创新能力还不强等诸多难题，如何进一步立足新发展阶段，完整准确全面贯彻新发展理念，加快构建新发展格局，完善推动高质量发展激励约束机制，健全因地制宜发展新质生产力体制机制，塑造发展新动能新优势等一系列艰巨繁重任务，都亟须通过进一步全面深化改革切实加以完成。

形势越复杂、任务越艰巨、挑战越严峻、改革越深入，越是需要坚持和加强党的全面领导。党的二十届三中全会通过的《中共中央关于进一步全面深化改革、推进中国式现代化的决定》（以下简称《决定》）突出坚持党的全面领导的重大原则，强调党中央领导改革的总体设计、统筹协调、整体推进。新征程上，要破除妨碍推进中国式现代化的思想观念束缚和体制机制弊端，推动生产关系和生产力、上层建筑和经济基础、国家治理和社会发展更好相适应，处理好经济和社会、政府和市场、效率和公平、活力和秩序、发展和安全等重大关系，必须更加自觉坚持党中央的集中统一领导，充分发挥党总揽全局、协调各方的领导核心作用，确保进一步全面深化改革、推进中国式现代化始终乘风破浪、行稳致远。

把坚持党的全面领导贯穿进一步全面深化改革各方面全过程

全会《决定》注重加强党对改革的领导，聚焦提高党的领导水平和长期执政能力，用一个专门部分对加强党的领导和深化党的建设制度改革进行系统部署，就提高党对进一步全面深化改革、推进中国式现代化的领导水平提出明确要求。这一部分内容分量很重，在《决定》全篇中是压轴的，对确保进一步全面深化改革、推进中国式现代化始终沿着正确方向进行至关紧要。

坚持和加强党的全面领导，最重要、最根本的是坚决做到“两个维护”。党政军民学，东西南北中，党是领导一切的。要深刻领悟“两个确立”的决定性意义，增强“四个意识”、坚定“四个自信”、做到“两个维护”，坚持党中央对进一步全面深化改革的集中统一领导，完善党中央重大决策部署落实机制，确保党中央令行禁止，把坚持党的领导贯彻和体现到改革各领域各方面，创新和改进领导方式和执政方式，确保党始终成为中国特色社会主义事业的坚强领导核心。

坚持和加强党的全面领导，必须坚定不移全面从严治党，深入推进新时代党的建设新的伟大工程。打铁必须自身硬。我们党要更好担负起领导进一步全面深化改革、推进中国式现代化的历史重任，必须保持以党的自我革命引领社会革命的高度自觉，时刻保持解决大党独有难题的清醒和坚定，坚持用改革精神和严的标准管党治党，完善党的自我革命制度规范体系，深入推进党风廉政建设和反腐败斗争，完善党和国家监督体系，不断推进党的自我净化、自我完善、自我革新、自我提高，进一步把党建设得更加坚强有力、更加充满活力。

坚持和加强党的全面领导，必须深化党的建设制度改革。要贯彻新时代党的建设总要求，把制度建设贯穿党的政治建设、思想建设、组织建设、作风建设、纪律建设之中，坚持制度治党、依规治党，健全全面从严治党体系，完善党的建设制度机制，加强党的创新理论武装，深化干部人事制度改革，树立和践行正确政绩观，落实“三个区分开来”，完善党内法规，健全常态化培训特别是基本培训机制，强化专业训练和实践锻炼，全面提高干部现代化建设能力。

坚持和加强党的全面领导，必须以钉钉子精神抓好改革落实。习近平总书记一再强调，一分部署，九分落实。现在，进一步全面深化改革的蓝图已经绘就，最重要的是把思想和行动统一到全会精神上来，齐心协力抓好全会《决定》战略部署的贯彻落实。要严格按照改革的路线图、时间表，自觉对标到2035年和21世纪中叶改革目标要求，科学制定改革任务书、时间表、优先序，明确各项改革实施主体和责任，把重大改革落实情况纳入监督检查和巡视巡察内容，确保党中央关于进一步全面深化改革的重大决策部署及时准确贯彻落实到位，把进一步全面深化改革的战略部署转化为推进中国式现代化的强大力量。

（作者：全国政协委员，中央党史和文献研究院学术和编审委员会原主任）

深刻理解和把握进一步全面深化改革的主题

王昌林

党的二十届三中全会通过的《中共中央关于进一步全面深化改革、推进中国式现代化的决定》指出，要“紧紧围绕推进中国式现代化进一步全面深化改革”。这是我们党领导改革开放的成功经验和战略选择，有其深刻的历史逻辑、理论逻辑、实践逻辑、发展逻辑和改革逻辑。

一、现代化是经济社会发展的广泛、深刻变革，也是体制机制的深刻转型

现代化，是指工业革命以来生产力大发展引发社会生产方式和人类生活方式深刻变革，是社会物质财富迅速增加、

推动传统社会向现代社会深刻转型的历史进程。其主要标志是具有高度发展的生产力、领先的科技创新能力、有效的国家治理、城乡融合的社会结构、高水平的公共服务、安全优美的生态环境、良好的公民素养等。

迄今为止，人类历史上已出现了三次比较大的现代化浪潮。第一次浪潮是18世纪60年代到19世纪中叶的“蒸汽革命”，以纺织机、蒸汽机的发明和广泛应用为动力，开启了人类社会现代化历程，实现了从传统农业社会向工业社会的转变，推动了城镇化进程。第二次浪潮是19世纪下半叶到20世纪初的“电气革命”，以电力、电灯、电话、内燃机、汽车、轮船等的发明和广泛应用为动力，推动工业化、城市化向更高层次、更广领域拓展。第三次浪潮是20世纪末到21世纪的“信息技术革命”，以电子计算机、互联网等的发明和广泛应用为动力，推动了经济社会发展向信息化、数字化的深刻转型。在这几次浪潮中，西欧、北美诸国、日本等资本主义国家抓住机遇，相继实现了现代化转型，成为发达国家。究其原因，最为关键的是这些国家建立了适应当时生产力发展的生产关系，包括大力发展科学技术和教育，高度重视制造业发展，推动金融创新等。而一些国家则由于制度创新滞后，其经济发展长期陷于停滞或步入“中等收入陷阱”。还有一些发展中国家简单复制西方国家现代化模式，也没有取得现代化发展的成功，甚至适得其反。

世界现代化的实践充分证明，科技和产业革命是推动现代化的根本动能，一个国家或地区要实现现代化，必须紧紧抓住科技革命的机遇，大力发展先进生产力。同时，制度和文化革新是现代化发展的保障。国家治理体系和治理能力现代化既是全面完整的现代化的重要组成部分，也是一国顺利实现现代化的关键因素和必要条件。

二、中国式现代化是在改革开放中不断推进的，也必将在改革开放中开辟广阔前景

改革开放是党和人民大踏步赶上时代的重要法宝。40多年来，改革开放成为最鲜明的标识、最广泛的共识、最壮阔的气象。

以党的十一届三中全会为转折点，我国开启了改革开放和社会主义现代化建设的新时期。在这个时期，党团结带领全国各族人民，解放思想、锐意进取，抓住新科技革命浪潮和经济全球化浪潮的历史机遇，实现了从高度集中的计划经济体制到充满活力的社会主义市场经济体制、从封闭半封闭到全方位开放的历史性转变，实现了从生产力相对落后的状况到经济总量跃居世界第二的历史性突破，实现了人民生活从温饱不足到总体小康、奔向全面小康的历史性跨越，推进了中华民族从站起来到富起来的伟大飞跃，中国大踏步赶上了时代。

党的十八大以来，党和国家事业取得历史性成就、发生

历史性变革，靠的也是改革开放。以习近平同志为核心的党中央团结带领全党全军全国各族人民，以伟大的历史主动精神、巨大的政治勇气、强烈的责任担当，冲破思想观念束缚，突破利益固化藩篱，以供给侧结构性改革为主线推进经济高质量发展，坚定不移扩大高水平对外开放，坚决破除各方面体制机制弊端，实现改革由局部探索、破冰突围到系统集成、全面深化的转变，各领域基础性制度框架基本建立，许多领域实现历史性变革、系统性重塑、整体性重构，国家治理体系和治理能力现代化水平进一步提升，为全面建成小康社会、实现党的第一个百年奋斗目标提供了有力制度保障，推动我国经济迈上高质量发展之路，人民群众获得感、幸福感、安全感持续增强，我国迈上全面建设社会主义现代化国家新征程。

新征程上，要开创中国式现代化建设新局面，仍然要靠改革开放。当前，我国正处于以中国式现代化全面推进强国建设、民族复兴伟业的关键时期。习近平总书记指出，进一步全面深化改革、推进中国式现代化是凝聚人心、汇聚力量，实现新时代新征程党的中心任务的迫切需要，是完善和发展中国特色社会主义制度、推进国家治理体系和治理能力现代化的迫切需要，是推动高质量发展、更好适应我国社会主要矛盾变化的迫切需要，是应对重大风险挑战、推动党和国家事业行稳致远的迫切需要。必须从中国国情出发，遵循现代化发展一般规律，努力探索适合中国式现代化发展的制度体系，不断推动生产关系和生产力、上层建筑和经济基础、国家治理和社会发展更好相适应，为中国式现代化激发活力、增添动力。

三、进一步全面深化改革，必须紧紧围绕推进中国式现代化这个主题来展开

当前和今后一个时期，要紧紧围绕“继续完善和发展中国特色社会主义制度，推进国家治理体系和治理能力现代化”这个总目标，进一步全面深化改革。

一是聚焦构建高水平社会主义市场经济体制。高水平社会主义市场经济体制是中国式现代化的重要保障。改革开放以来，我国经济发展获得巨大成功的一个关键因素，就是确立了社会主义市场经济体制。新征程上，推进中国式现代化建设，必须把构建高水平社会主义市场经济体制放在突出位置，进一步激发全社会内生动力和创新活力。只有坚持和落实“两个毫不动摇”，构建全国统一大市场，完善产权保护、市场准入、公平竞争、社会信用等市场经济基础制度，才能更好发挥市场机制作用，实现资源配置效率最优化和效益最大化，加快构建新发展格局，推动高质量发展。

二是聚焦发展全过程人民民主。发展全过程人民民主是中国式现代化的本质要求。实践充分证明，全过程人民民主制度体系能够有效促进社会生产力解放和发展，促进人民生

活质量和水平不断提高。新征程上，必须坚持和完善我国根本政治制度、基本政治制度、重要政治制度，坚持党的领导、人民当家作主、依法治国有机统一，更好把制度优势转化为治理效能，全面推进国家治理体系和治理能力现代化。

三是聚焦建设社会主义文化强国。文化是一个国家、一个民族的灵魂，是重要的力量源泉。实践证明，文化兴则国运兴，文化强则国家强。必须大力推进文化体制改革，大力发展社会主义先进文化，培养造就一大批文化名家、大师，创造一大批文化精品力作，实现“文以化人”，增强全社会凝聚力、创造力、感召力，提升国家文化软实力和中华文化影响力，为中国式现代化注入强大的精神力量。

四是聚焦提高人民生活品质。较高的人民生活品质包括更稳定的就业、更满意的收入、更可靠的社会保障、更好的基本公共服务等方面，它是经济发展的出发点和落脚点，也是经济高质量循环的关键环节。推进中国式现代化，必须统筹经济和民生领域的改革，完善收入分配制度，健全社会保障体系，增强基本公共服务均衡性和可及性，推动人的全面发展、全体人民共同富裕取得更为明显的实质性进展。

五是聚焦建设美丽中国。建设生态文明，关系人民福祉，关乎民族未来。当前，随着我国社会主要矛盾发生变化，必须更加重视回应人民群众日益增长的优美生态环境需要，把生态文明建设放在更加突出的战略位置。同时，这也是实现碳达峰碳中和，引领全球环境与气候治理，构建人类命运共同体的需要。必须进一步深化生态文明体制改革，加快经济社会发展全面绿色转型，健全生态环境治理体系，促进人与自然和谐发展。

六是聚焦建设更高水平平安中国。推进国家安全体系和能力现代化，是积极应对各类风险挑战，服务保障强国建设、民族复兴伟业的内在要求，是续写经济快速发展和社会长期稳定“两大奇迹”新篇章、有效满足人民日益增长的美好生活需要的必然举措，也是主动适应世界之变、时代之变、历史之变，完善全球安全治理的客观需要。必须健全国家安全体系，强化一体化国家战略体系，增强国家安全能力，创新社会治理体制机制和手段，有效构建新安全格局，为中国式现代化行稳致远提供坚实保障。

七是聚焦党的领导水平和长期执政能力。党的领导直接关系中国式现代化的根本方向、前途命运、最终成败。如果把中国式现代化比作一艘正在乘风破浪、奋力前行的航船，那么改革开放和创新就是发动机，法治和社会保障就是稳定器，党的领导就是“定海神针”。在我国现代化建设进入“船到中流浪更急”的阶段，必须适应新的形势需要，创新和改进领导方式和执政方式，深化党的建设制度改革，健全全面从严治党体系，不断提高党的领导水平和长期执政能力。

（作者：中国人民政协理论研究会副会长，
全国政协委员，中国社会科学院副院长）

以钉钉子精神抓好改革落实

唐方裕

党的二十届三中全会通过的《中共中央关于进一步全面深化改革、推进中国式现代化的决定》（以下简称《决定》）一共60条，最后一条专门强调“以钉钉子精神抓好改革落实”，要求“对党中央进一步全面深化改革的决策部署，全党必须求真务实抓落实、敢作善为抓落实，坚持上下协同、条块结合，科学制定改革任务书、时间表、优先序，明确各项改革实施主体和责任，把重大改革落实情况纳入监督检查和巡视巡察内容，以实绩实效和人民群众满意度检验改革”。贯彻落实好这一要求，需要深刻认识抓好改革落实的特殊重要性，明确抓好改革落实的重要关节点和着力点。

一、抓落实对于进一步全面深化改革特别重要

抓落实对一切工作都十分重要，“一分部署，九分落实”是对事业发展和领导活动的重要规律性认识。中国共产党作为马克思主义政党，秉持言行一致、求真务实，一直把抓落实作为贯彻党的政治路线、思想路线、组织路线、群众路线的根本性要求，作为衡量党员干部党性和作风的重要标准。习近平总书记反复强调：“如果不沉下心来抓落实，再好的目标，再好的蓝图，也只是镜中花、水中月。”

全面深化改革越是向纵深推进，触及的利益矛盾越复杂尖锐，硬骨头越难啃。只有在改革落实上下更大功夫，才能克服利益调整中的种种阻力，真正打破利益固化藩篱，用更多更好的现代化成果惠及最广大人民，不断取得改革的成功。

二、抓好改革落实需要清晰的思路、明确的责任、顽强的韧劲

进一步全面深化改革是一项系统工程，抓好改革落实应当采取正确的手段方式，精准把握时度效。

第一，准确理解每项改革举措的指向和内涵。应当站在推进中国式现代化的战略全局高度，正确认识进一步全面深化改革的谋篇布局，深入领会党中央的深谋远虑，深刻理解

各项改革举措的来龙去脉，弄清楚其在整体改革中承担什么角色、发挥什么作用、要达到什么目的，把握每项改革举措的背景和定位。应当从各领域改革进展和进一步深化改革需要解决的突出矛盾入手，搞清楚每项改革举措针对的是什么问题，创新的基点、关键点在哪里，内容边界、与其他相关改革举措的关联在哪里。这样，才能有的放矢、精准发力、不偏不倚抓好改革落实。

第二，结合实际科学制定改革任务书、时间表、优先序。《决定》提出的300多项改革举措，有综合性的也有专项性的，有全国性的也有区域性的，有紧迫性的也有战略性的，有规定性的也有探索性的，有难度特别大的也有难度相对小一些的，抓落实需要分清轻重缓急，通过制定改革任务书、时间表、优先序，把《决定》的“大写意”转化为“工笔画”“施工图”。根据需要，可以先从最急迫的事项改起，从老百姓最期盼的领域改起，从社会各界最能够达成共识的环节改起，也可以集中优势兵力，先落实牵一发而动全身、落一子而满盘活的重要改革举措。

第三，明确各项改革实施主体和责任。根据《决定》精神，党中央领导改革的总体设计、统筹协调、整体推进；各级党委（党组）负责落实党中央决策部署，谋划推进本地区本部门改革，鼓励结合实际开拓创新，创造可复制、可推广的新鲜经验。具体到一个地方、一个部门，落实各项改革举措总是有牵头单位、参与单位、责任事项、责任人，这要逐一厘清，做到事责对应、各就其位。跨领域跨部门、某一单位难以牵头落实的改革举措，应当由党委、政府直接组织实施，防止出现“九龙治水”现象。需要上下联动、左右协同、条块结合、块块结合实施的改革举措，应当由上级党委明确牵头单位，建立统一指挥、统筹协调、高效联动的工作机制，保证政策取向一致、实施过程合力、改革成效互促。

第四，完善改革督察和评价制度。改革督察，重在抓住要害和拓展深度，在督任务、督进度、督成效的同时察认识、察责任、察作风。改革评价，应当聚焦实绩实效和人民群众满意度，重点看是否不折不扣贯彻党中央决策部署，是否有力促进经济社会发展，是否给人民群众带来实实在在的获得感。《决定》提出把重大改革落实情况纳入监督检查和巡视巡察内容，目的是从政治监督的角度检视改革责任单位和责任人执行党中央改革决策部署的情况，这很有必要，应当认真落实。

第五，持续用力、久久为功推进改革落实。进一步全面深化改革绝非一蹴而就、一日之功，不能指望毕其功于一役。抓好改革落实，应当深刻认识改革的复杂性、艰巨性，坚持正确方向，增强前进定力，不畏浮云遮望眼，不因困难而退缩。应当拿出抓铁有痕、踏石留印的劲头，敢字当头、不怕艰难，不达目的不罢休。应当发扬钉钉子精神，紧盯目标、心无旁骛，锲而不舍、坚韧不拔，一锤一锤敲，积小胜为大胜。应当树立“功成不必在我、功成必定有我”的境界，一茬接着一茬干，一张蓝图绘到底。抓改革也是一门学问，有自身的规律。应当引导党员干部在改革中学习改革、实施改革、驾驭改革，同时正确对待改革中的失误，保护敢闯敢试的积极性。

三、注重防止和纠正抓改革落实中的不良现象

抓好改革落实，需要立规则规范、工作标准，也需要开负面清单，防止和纠正不良现象。这些年，在以习近平同志为核心的党中央坚强领导下，各级党委结合整治形式主义、官僚主义，发现和纠正了一些抓改革落实中的不良现象，包括消极畏难、无的放矢、贪图虚功、本位主义、简单草率、推诿扯皮、虎头蛇尾等。这些不良现象，虽然只是在一些地方和部门个别存在，但直接影响改革成效，挫伤干部群众的改革积极性，甚至败坏党风政风，必须高度重视，在进一步全面深化改革中坚决防止和纠正。应当针对这些不良现象产生的症结，从增强党性、改进作风、提高能力入手，加强对党员干部的教育引导，同时健全抓改革落实机制，用好改革指挥棒，及时奖优罚劣、纠正偏差。特别是各级领导干部应当树立正确政绩观，顾全大局、实事求是，雷厉风行抓改革，一身正气抓改革，求真务实抓改革，持之以恒抓改革，坚决不搞形式主义、官僚主义，坚决不搞那些让人民群众反感生怨的“外围改革”“表皮改革”“文件改革”“甩锅改

革”“半拉子改革”“劳民伤财改革”。

改革是全体人民的大业，抓好改革落实需要各级各方面共同努力，政协委员应当且能够在调查研究、决策咨询、民主协商、民主监督中发挥积极作用。

（作者：中国人民政协理论研究会副会长，全国政协委员，中央政策研究室副主任）

把握好进一步全面深化改革的几对重要关系

李民斌

中共二十届三中全会对进一步全面深化改革、推进中国式现代化作出周详部署，提出300多项重要改革举措，为国家实现高质量发展指明了方向。当前，我国改革进入了攻坚期、深水区，所面对的复杂性、艰巨性、敏感性前所未有。紧扣推进中国式现代化主题，进一步全面深化改革，需把握如下重要关系。

一、把握好改革与发展的关系

习近平总书记强调："提高改革的战略性、前瞻性、针对性，使改革更好对接发展所需、基层所盼、民心所向，推动改革和发展深度融合、高效联动。”发展出题目，改革做文章。改革和发展两者是并蒂而生、相互依存的。在经济社会发展的过程中，不管是遇到“难题”，还是“新题”，都要靠改革去“解答”。改革的深度，关系到发展的质量；发展的进度，标注着改革的刻度。我国发展走到今天，发展和改革高度融合，发展前进一步就需要改革前进一步，改革不断前进也能为发展提供强劲动力。

深刻认识把握改革与发展两者的辩证关系，才能在工作中掌握主动权。改革是一种必要的手段，它可以帮助我们解决社会问题，改进制度，提高效率，促进发展。但是，改革本身不应该成为一个目的，也不能仅仅为了救急而去改革。改革的目的是更好地满足人民需求，提高人民生活质量，为社会发展创造更好条件。

新时代，我国社会主要矛盾已经转化为人民日益增长的美好生活需要和不平衡不充分的发展之间的矛盾。解决我国社会主要矛盾，关键在于以新发展理念为指引，加大全面深化改革力度，以高质量发展托起人民美好生活。要提高供给能力，推动以创新驱动为主，不断提高劳动、资本、土地、资源和环境效率，增强科技对社会供给的贡献率，释放供给潜能。要完善金融支持实体经济体制机制，改善资本和资源配置效率，促进科技、产业、金融良性循环，把潜在消费和投资需求进一步释放出来。要着力完善民生供给体系，优化存量资源供给，增加优质增量供给，强化供给质量，提高社会供给与人民美好生活需要的适配性。

二、把握好积极与稳妥的关系

习近平总书记强调："改革是循序渐进的工作，既要敢于突破，又要一步一个脚印、稳扎稳打向前走，确保实现改革的目标任务。"进一步全面深化改革，我们既要"积极"，有大刀阔斧、一往无前的勇气；又要"稳妥"，有步步为营、稳扎稳打的智慧。面对改革难题，要继续解放思想，勇于挑起重担，以改革到底的坚强决心动真碰硬；同时也要发扬严谨务实的科学精神，清醒认识和把握改革的复杂性、艰巨性，准确把握规律，科学评估风险，积极稳妥施策，确保改革既能解决问题，又不会产生新的矛盾。

全面深化改革进入攻坚期后，遇到利益固化、风险冲击、落实不易等难题，但"改革再难也要向前推进"，看准了就要不惧风雨、不畏艰险，一张蓝图绘到底。对于一切妨碍高质量发展、阻碍中国式现代化实现的思想观念障碍和体制机制弊端，都要坚决地改、坚决地理顺。充分尊重基层和群众首创精神，结合实际、因地制宜开展创新，推动成功经验及时复制推广、巩固提升。

全面深化改革牵一发而动全身，如果举措不够平稳，不但影响改革的有序推进，也不利于社会和谐稳定。深水区的改革更须讲究策略方法，务必坚持从实际出发，充分论证、稳步推进。要进一步完善治理体系，把财政政策和货币政策以及区域、产业、环保等政策统筹起来，以构建新发展格局为着力点，强化国内宏观政策与国际宏观政策相协调，持续提升决策科学化水平。在稳定市场预期、提振市场信心方面构建具体机制，持续提高宏观经济政策取向一致性和政策透明度，更好适应构建新发展格局的要求。

三、把握好全面与重点的关系

习近平总书记强调，面对复杂形势和任务，“我们既要注重总体谋划，又要注重牵住‘牛鼻子’”。“点”强调事物的关键部分，“面”则着眼于事物的整体性、系统性。“点”与“面”是不可分割的，“点”是“面”的基本组成元素，又存在于“面”之中。因此，我们在推进改革时要以点带面，坚持整体推进与重点突破相结合。

不谋全局者，不足谋一域。全面深化改革进入深水区，涉及问题之多、领域之广、矛盾之深前所未有，靠某个部门单兵突进行不通，靠几项改革举措零敲碎打更行不通。随着中国式现代化进程的推进，改革的复杂程度与困难程度都大大提高，要求注重改革的全面协调、整体推进。关系全局的改革，特别是涉及重大制度创新的改革，要统一行动，不能放松、不能滞后。

在立足改革整体性的同时，也需要综合考量轻重缓急和不同地区不同情况，找准改革的关键所在，牵住改革“牛鼻子”，以重点突破带动整体发展。当前，因地制宜培育和发展新质生产力，就是全面深化改革的关键所在。我们要以关键共性技术、前沿引领技术、现代工程技术、颠覆性技术创新为突破口，充分发挥新型举国体制优势，打好关键核心技术攻坚战，使原创性、颠覆性科技创新成果竞相涌现。发挥科技创新对产业创新的引领作用，强化企业在科技创新中的主体地位，进一步打通科技成果转化堵点，坚持教育、科技、人才体制机制改革一体推进。

四、把握好政府与市场的关系

习近平总书记强调：“坚持社会主义市场经济改革方向，核心问题是处理好政府和市场的关系，使市场在资源配置中起决定性作用和更好发挥政府作用。”政府和市场的关系，是各类重大体制关系的基础，过去 40 多年的改革，在很大程度上是围绕处理好这一关系展开的。事实表明，对此尽管我们在理论上的认识不断深化，在实践中也形成了不少好做法，但仍有一些需进一步改进之处。在市场方面，存在体系不统一、规则不完备的问题，致使市场配置资源要素，不够公平公正，效率不高。

进一步全面深化改革，要找准市场功能和政府作用的最佳结合点，把“两只手”的优势都充分发挥出来，更好体现社会主义市场经济体制的特色和优势，努力形成市场作用和政府作用有机统一、相互补充、相互协调、相互促进的格局。要更好发挥政府在规则制定、维护营商环境、市场监管等方面的作用，充分发挥政策引导优势，及时回应经营主体关切，有效引导社会预期。

要加快推进统一大市场建设，破除地方保护、市场分割等障碍，形成开放统一、竞争有序、活力充沛的市场体系。在市场准入、产权保护、公平竞争方面强化制度保障，督促管理主体和经营主体共同维护市场秩序，建设高标准市场体系。持续优化民营经济发展环境，搭建长效、良性的政企互动机制，激发各类经营主体的活力。积极推动改革，消除歧视、破除壁垒，做好促进要素在区域间自由流动的配套保障制度。

五、把握好“自力”与“外力”的关系

习近平总书记提出：“国际环境越复杂，我们越要敞开胸怀、打开大门，统筹开放和安全，在开放合作中实现自立自强。”坚持独立自主、自立自强，与扩大高水平对外开放，两者并不矛盾，而是相互促进的。坚持独立自主、自立自强，有利于增强对外开放的吸引力，有利于提升国际合作的质量。不断扩大高水平对外开放，深度参与全球产业分工和合作，用好国内国际两种资源，可以有效拓展中国式现代化的发展空间。立足“自力”，用好“外力”，在自主中谋求发展、

在开放中坚持自主，才能走好自己的路、办好自己的事。

当前，世界百年变局加速演进，世界之变、时代之变、历史之变正以前所未有的方式展开。面对新形势新要求，我们应顺势而为，把握好“自力”与“外力”的关系，更好地服务和支撑中国式现代化。必须始终坚持自立自强，把发展主动权牢牢掌握在自己手中。要发挥我国制度优势，集中整合精干力量和核心资源，围绕国家重大战略需求，瞄准重大工程科技难题进行持续攻关。要进一步优化科研和创新的体制基础与政策环境，充分激发各类创新主体的热情、能量与活力。

要积极扩大高水平对外开放，借力外部资源和市场，推进中国式现代化。要坚持“引进来”和“走出去”并重，加强创新能力开放合作，形成陆海内外联动、东西双向互济的开放格局。要主动对标国际先进市场规则，不断完善外商投资权益保护机制，进一步便利中外人员往来，建设具有国际一流水平的营商环境。要运用粤港澳大湾区、自由贸易试验区等开放合作实验平台，着眼突破核心难题和关键体制进行试验探索，形成深化对外开放的新模式新路径。

“改革开放只有进行时，没有完成时。”我们要深刻理解把握进一步全面深化改革的重点，解放思想，狠抓落实，在深水区中流击水，在攻坚期迎难而上，为进一步全面深化改革、推进中国式现代化，作出实实在在的贡献。

（作者：全国政协委员、社会和法制委员会副主任，
东亚银行联席行政总裁）

加快形成同新质生产力更相适应的生产关系

毕井泉

党的二十届三中全会通过的《中共中央关于进一步全面深化改革、推进中国式现代化的决定》（以下简称《决定》）指出，要“健全因地制宜发展新质生产力体制机制”，强调“健全相关规则和政策，加快形成同新质生产力更相适应的生产关系，促进各类先进生产要素向发展新质生产力集聚，大幅提升全要素生产率”。发展新质生产力，必须进一步全面深化改革，形成与之相适应的新型生产关系。

一、改革不适应新质生产力发展的生产关系的必要性

2023年7月以来，习近平总书记在四川、黑龙江、浙江、

广西等地考察调研时提出，要整合科技创新资源，引领发展战略性新兴产业和未来产业，加快形成新质生产力。2024年1月，习近平总书记在二十届中央政治局第十一次集体学习时强调，“生产关系必须与生产力发展要求相适应”“要深化经济体制、科技体制等改革，着力打通束缚新质生产力发展的堵点卡点”。在2024年全国两会期间，习近平总书记在参加全国人大江苏代表团审议时强调：“要因地制宜发展新质生产力。”《决定》在“健全推动经济高质量发展体制机制”首个部分就强调“健全因地制宜发展新质生产力体制机制”。随着新质生产力从提出、确立、部署到实施，与之相适应的新型生产关系也需要不断改革创新和调整完善。

（一）生产关系必须与生产力发展要求相适应是马克思主义政治经济学的基本原理。马克思曾论述：“社会关系和生产力密切相连。随着新生产力的获得，人们改变自己的生产方式，随着生产方式即谋生的方式的改变，人们也就会改变自己的一切社会关系。”生产力决定生产关系，生产关系反作用于生产力。当生产关系适应生产力发展要求时，它会促进生产力的发展，反之，就会阻碍生产力的发展。新质生产力的发展，呼唤生产关系适应性变革。生产关系适应新质生产力的发展，才能为新质生产力发展铺平道路。习近平总书记强调：“新质生产力的显著特点是创新，既包括技术和业态模式层面的创新，也包括管理和制度层面的创新。”新质生产力的培育和发展，需要新型生产关系与之相适应，迫切要求通过进一步全面深化改革来不断完善现有生产关系。加快形成与新质生产力相适应的新型生产关系，是习近平经济思想对马克思主义基本理论的创新性应用与发展，也是推进中国式现代化的必然要求。

（二）形成与新质生产力相适应的新型生产关系是培育发展新质生产力的客观需要。习近平总书记强调："新质生产力是创新起主导作用，摆脱传统经济增长方式、生产力发展路径，具有高科技、高效能、高质量特征，符合新发展理念的先进生产力质态。它由技术革命性突破、生产要素创新性配置、产业深度转型升级而催生，以劳动者、劳动资料、劳动对象及其优化组合的跃升为基本内涵，以全要素生产率大幅提升为核心标志，特点是创新，关键在质优，本质是先进生产力。"新质生产力是以高技术、高效能、高质量为特征的生产力，是能够催生新的产业、新的经营模式、推动产业发展新动能的生产力，是以发明创造、科技创新为本质特征的生产力。新质生产力带来的知识、数据、技术等新型生产要素的广泛应用，迫切需要深化经济体制、科技体制、教育体制、人才体制等改革，打通束缚新质生产力发展的堵点卡点，抢占新一轮科技革命和产业变革制高点。

（三）通过深化改革完善生产关系是我国改革开放伟大实践的宝贵经验。改革开放是决定当代中国命运的关键一招，也是决定中国式现代化成败的关键一招。总结和梳理改革开放 40 多年来取得的伟大成就，其中一个深刻启示和主要经验就是，要在党的领导下，坚持以人民为中心，改革生产关系和上层建筑中不适应生产力发展的环节和方面。40多年的改革开放进程，实际就是生产关系不断适应性变革的过程，从单一所有制渐进式转变为多种所有制共同发展，从单一的按劳分配转变为多种分配方式并存，从政府单一配置资源转向使市场在资源配置中起决定性作用和更好发挥政府作用。发展新质生产力的竞争，实际上是同新质生产力更相适应生产关系的竞争，是营造发展新质生产力市场环境的竞争，是进一步解放和发展社会生产力的竞争。

二、我国生产关系适应性变革取得的成就和面临的问题

党的十八大以来，以习近平同志为核心的党中央团结带领全党全军全国各族人民，以伟大的历史主动、巨大的政治勇气、强烈的责任担当推进全面深化改革，坚决破除妨碍推进中国式现代化的思想观念和体制机制弊端，推动生产关系和生产力、上层建筑和经济基础、国家治理和社会发展更好相适应，为中国式现代化提供强大动力和制度保障。要素市场化配置取得重大突破。市场决定价格机制基本建立，城乡统一的建设用地市场加快建设，户口登记实现城乡统一，创造性把数据、资源环境等纳入生产要素。市场经济基础制度加快完善。坚持“两个毫不动摇”，全面实施市场准入负面

清单制度，建立公平竞争审查制度，颁布专利法、商标法等一系列保护知识产权法律法规。宏观调控方式不断创新。统筹运用财政、货币、产业政策，深化资本市场改革，发挥税率、利率、准备金率杠杆作用，引导社会资源向支持科技创新和产业升级方向流动。教育综合改革持续深化。深入推进高等教育“双一流”建设，实施“强基计划”和拔尖创新人才培养计划等。深化现代职业教育体系改革，深化教育评价改革。科技自立自强进一步推进。成立中央科技委员会，完善党领导科技工作的体制机制。组织实施关键核心技术攻关工程，组建国家实验室等国家战略科技力量，持续破解“卡脖子”问题。深化项目评审、人才评价、机构评估改革，着力“破五唯”……通过新时代全面深化改革，我国社会生产力得到极大解放和发展，社会活力得到极大解放和增强。

在看到成绩的同时，我们也要清醒认识到，由于生产力的活跃多变性与生产关系的相对稳定性之间的矛盾，生产关系往往落后于生产力的发展要求，还有许多不适应新质生产力发展的方面。比如，新旧要素的产权关系尚未从法律上完全建立起来；土地、劳动力和资本等要素市场还呈现出不同程度的区域分割、行政分割、制度分割，数据要素市场尚未建立，知识产权激励和保护的机制尚不完善；知识、技术、数据和管理等要素价值在分配中还没有充分彰显；部分领域的薪酬管理体制、产权界定机制、价格形成机制，不能充分体现新型生产要素的价值；个别领域对专利产品实行政府定价的做法，侵害专利权人市场独占的权利；教育、科技、人才、社保与产业发展的良性循环尚未形成；受升学特别是高考“指挥棒”影响，教育体系仍注重知识传授和应试能力，创新性思维培养还有差距；一些科研院所等事业单位行政化色彩较为浓厚；资本市场与新质生产力不够匹配；等等。

三、加快构建与新质生产力更相适应的新型生产关系

新型生产关系的塑造要以激发全社会创新活力为目标，着力解决政府行为与市场作用不兼容、宏观政策取向不一致的问题，完善收入分配机制，深化要素市场化配置体制改革，加强教育、科技、人才体制的“联动改革”，加强知识产权法治建设，加快推进高水平制度型开放。

（一）完善产权制度。产权制度是市场经济的基石，更是新质生产力萌发的土壤。要突出创新引导，打破所有权的藩篱，鼓励和促进生产要素向创新者聚集。只要有利于创新的，都应当鼓励、支持；不利于创新的，都应该及时清理、改进，努力营造全社会支持创新、鼓励创新的制度环境和良好氛围。参照治理酒驾的经验，修订刑法及相关法律中关于侵犯知识产权犯罪的规定，以行为论罪，以后果论刑，加大打击侵犯商标权、专利权、商业秘密、地理标识等知识产权犯罪的力度。加快建立国家知识产权法院，以适应科技创新和产业发展的需要。

（二）破除要素市场化配置的体制障碍。全面清理、废除民营企业市场准入的限制性、歧视性规定，完善市场准入负面清单制度，形成完整一致的市场准入制度体系。切实落实市场准入负面清单制度的要求，“保证各种所有制经济依法平等使用生产要素、公平参与市场竞争、同等受到法律保护”，保障民营创新企业及其创新产品同其他所有制企业享有同等的市场准入，同等参与政府采购、项目投标的机会。破除城乡生产要素流动的制度障碍，有序推进农村集体经营性建设用地入市改革，健全土地增值收益分配机制，加快推行由常住地登记户口提供基本公共服务制度，加快农业转移人口市民化，促进城乡区域劳动力的自由流动。完善科技人才政策，深化人才发展体制机制改革，加快建设国家高水平人才高地和吸引集聚人才平台。强化人才激励机制，建立以创新能力、质量、实效、贡献为导向的人才评价体系，形成具有国际竞争力的人才制度体系。加强技术经理人队伍建设。构建同科技创新相适应的科技金融体制，加强对承担国家重大科技任务和科技型中小企业的金融支持，完善长期资本投早、投小、投长期、投硬科技的支持政策，健全现代资本市场体系，为各类创新提供良好的融资环境。健全重大技术攻关风险分散机制，建立科技保险政策体系。提高股权投资、风险投资的便利性。

（三）完善按要素分配的体制机制。完善以贡献为导向的创新成果收益分配机制，对于稳定市场预期，促进社会资金向新质生产力集聚至关重要。尊重专利等知识产权持有者的市场独占权、定价自主权和消费者自主选择权，完善专利产品的利益分配的激励机制和产品价格形成机制，允许高风险专利产品取得高回报。按照促进科技成果转化法的规定，落实科技成果完成单位与科技人员约定奖励和报酬的方式、数额和时限的自主权，健全职务发明的收益分配制度，激励体制内科研人员发明创造的积极性。国有科研机构科技成果转化形成的收益归单位支配使用，不受预算管理的限制。

（四）推动科技创新和产业创新融合发展。产学研相结合是教育、科技、人才与产业良性循环的重要条件。教育科研事业单位管理体制改革的一个重点是“去行政化”，落实招人、选人和用人，薪酬、职称、资金管理，发展规划、教育科研考核评价、成果转让等方面的自主权，建立现代教育科研院所制度。鼓励和规范发展新型研发机构，探索建立由企业出资、外部研发机构提供解决方案的开放式创新模式。鼓励和引导高校、科研院所按照先使用后付费方式把科技成果许可给中小微企业使用。加强有组织的基础研究，提高科技支出用于基础研究比重。完善竞争性支持和稳定支持相结合的基础研究投入机制，鼓励有条件的地方、企业、社会组织、个人支持基础研究。

（五）推进高水平制度型开放。主动对接国际高标准经贸规则，立足于引领、构建高水平经贸规则，大力推进规则、规制、标准、管理等制度型开放。推进高水平教育开放，鼓励国外高水平理工类大学来华合作办学。扩大国际科技交流合作，优化对外专业交流合作管理机制。适应科研人员、专家学者对外交流的需要，调整优化外事管理有关规定。完善市场准入负面清单，畅通数据等要素的跨境流动。健全对外商投资的审查、国家技术安全清单管理、不可靠实体清单等制度，营造法治化的投资环境。降低高技术移民的准入门槛，增强移民政策实施的配套性和针对性。

（作者：全国政协常委、经济委员会副主任）

奋力谱写中国式现代化东北新篇

夏德仁

习近平总书记在新时代推动东北全面振兴座谈会上指出，“东北资源条件较好，产业基础比较雄厚，区位优势独特，发展潜力巨大。当前，推动东北全面振兴面临新的重大机遇：实现高水平科技自立自强，有利于东北把科教和产业优势转化为发展优势；构建新发展格局，进一步凸显东北的重要战略地位；推进中国式现代化，需要强化东北的战略支撑作用”。东北振兴是国家启动较早的区域发展战略。20多年来，实施东北振兴战略取得令人瞩目的成绩，但也存在一些困难和问题，主要原因是改革还没有完全到位，仍处于体制机制转换的阵痛期和改革的深水区，经济活力远没有释放出来。党的二十届三中全会为实现党的第二个百年奋斗目标，加快推进强国建设、民族复兴伟业规划了改革路线图，也为新时代东北全面振兴指明了方向。我们必须认真学习贯彻习近平总书记关于东北全面振兴的重要论述，落实全会相关改革部署，自觉把改革开放摆在更加突出的位置，坚持改革开放不放松，以全面深化改革推进东北全面振兴。

一、以经济体制改革为牵引，构建适应东北地区高质量发展的体制机制

当前东北振兴面临的诸多问题，深层次原因在于经济体制机制改革进程相对滞后，市场化水平相对偏低，经济缺乏活力。以经济体制改革为牵引，构建适应东北地区高质量发展的体制机制，这是当前东北全面振兴的首要任务。

一是要与全国各区域同步建设高水平社会主义市场经济体制，为高质量发展奠定制度基石。要进一步深化行政管理体制改革，处理好政府和市场、“放得活”与“管得住”的关系，做到有效市场与有为政府有机结合，营造能够充分焕发经济活力的营商环境；要进一步深化国资国企改革，强化国有企业在维护国家“五大安全”和维护国民经济命脉方面的核心功能，并在此基础上做大做强做优；要大力发展非公有制经济，克服当前存在的“市场准入障碍”和“挤出效应”，在竞争性领域更多引入民营资本，为民营企业健康发展创造良好环境；要建设高标准市场体系，深化要素市场化

改革，积极融入全国统一大市场。

二是健全适应东北地区发展新质生产力的体制机制，为高质量发展塑造新动能。加快东北地区传统制造业的数字化转型，大力发展战略性新兴产业集群，抢抓当前科技革命和产业变革难得机遇，尽快选择新赛道，实现赛道转换，超前布局未来产业，加快形成具有东北特色的现代产业体系。

二、统筹推进东北地区教育科技人才“三位一体”改革，构建支持全面创新体制机制

东北地区最大的优势是教育、科技基础和人才优势。2022 年，东北三省有普通、职业高等学校 258 所，约占全国 9.4%，普通本科在校生 186.8 万人，约占全国 9.5%。中国科学院下设地方分院 11 家，东北有 2 家，还分布着众多研究所，还有很多中央企业、龙头企业等设立的企业技术中心。东北地区在维护国家“五大安全”方面具有重要职能，需要强化教育、科技、人才支撑作用，推进高水平科技自立自强，加快发展新质生产力。目前东北地区的教育科技改革还未到位，与产业部门的结合不够紧密，缺乏科技成果转化为现实生产力的肥沃土壤，存在科技成果和人才外流现象。

因此，下一步全面深化教育科技改革对于提升东北地区创新能力，加快东北全面振兴至关重要。一是深化区域教育综合改革，构建高质量教育体系。尤其是聚焦人才培养和科

技创新能力提升，推动高等教育的科教融合、产教融汇。二是深化科技体制改革，推动科技创新与产业创新深度融合。打造东北地区区域科技创新中心，强化企业科技创新主体地位，组建创新联合体，促进科学技术转变为现实生产力。三是深化人才发展体制机制改革，畅通人才成长通道，优化引才留才发展环境。通过全面深化体制机制改革，打通东北地区教育、科技、人才三者与经济建设“主战场”的通道，推动高校和科研院所的创新成果尽快转化为生产力。

三、统筹推进新型工业化、新型城镇化和乡村全面振兴，构建城乡融合发展新格局

东北地区既是老工业基地，又是重要的农业生产基地，粮食产量占全国总产量五分之一以上，商品粮占全国四分之一，调出量占全国30%，是国家粮食安全的“压舱石”。伴随着东北老工业基地的形成，东北的城镇化也起步较早，城镇化率高于全国平均水平，但随着经济发展的放缓，以人为本的新型城镇化发展也相对缓慢。在推进中国式现代化新征程中，统筹好新型工业化、新型城镇化和乡村全面振兴变得尤为重要。一是健全推进新型城镇化体制机制，提高城镇化质量和水平。二是巩固和完善农村基本经营制度和强农惠农富农支持政策，促进农业农村现代化发展。以发展东北现代化大农业为主攻方向，全方位夯实东北粮食安全根基。三

是加快形成工农互促、城乡融合、协调发展、共同发展的新型工农城乡关系。

四、构建东北地区开放型经济新体制，以高水平开放促进深层次改革

东北地区是中国面向东北亚唯一陆海双重门户，是丝绸之路经济带和21世纪海上丝绸之路的重要交汇点，是“一带一路”向北开放的重要窗口，拥有沿海、沿江、沿边的地缘优势。在新时代新征程上，东北地区应按照党中央的要求，发挥好对外开放“新前沿”作用，全方位提升对外开放水平，打造高水平开放型经济体制。

一是进一步对内开放，加强与京津冀协同发展、长江经济带、粤港澳大湾区等国家战略的对接。

二是向北开放，充分挖掘对俄合作潜力，积极开展对俄在贸易、投资、科技、人才等领域的合作，打造中国对俄合作的战略枢纽。2023年以来，东北三省与俄罗斯的贸易投资合作快速发展，说明向北开放潜力巨大。

三是以区域全面经济伙伴关系协定（RCEP）为契机，深化与日韩合作。日本与韩国是东北三省的传统合作伙伴，要坚持现有的合作领域，拓展新的合作领域，创造更加便利化的贸易投资条件，使东北地区成为RCEP框架下中日韩贸易投资合作的先导区。

四是建设面向东北亚和欧洲的东北海陆大通道。尤其要充分利用“北极航线”开放的机遇，强化海上丝绸之路东北段的建设与发展。

五是积极推进制度型开放，促进行政管理体制改革，打造市场化、法治化、国际化营商环境。

（作者：全国政协委员，辽宁省政协原主席）

以改革举措加强国家战略腹地建设

田向利

加强国家战略腹地建设，是以习近平同志为核心的党中央统筹国内国际两个大局、统筹发展安全两件大事作出的重大部署。《中共中央关于进一步全面深化改革、推进中国式现代化的决定》将其纳入健全推动经济高质量发展体制机制改革事项，作为健全提升产业链供应链韧性和安全水平制度的重要内容，蕴含了以改革举措推动高质量发展和高水平安全良性互动、推进中国式现代化的政治考量与系统谋划。

国家战略腹地为何建？这是实现高水平安全的应变之策。当今世界百年未有之大变局加速演进，我国经济的外部需求可靠性降低。加强国家战略腹地建设，促进区域协调发展，实现产业链和供应链多元化，为经营主体抵御外部冲击提供替代选择，能够拓展国家发展和安全的战略大纵深，大大增强发展的回旋余地。这是打造经济高质量发展新增长点的科学之举。加强国家战略腹地建设，提升企业从东部沿海向中西部内陆梯度转移结构性调整动力，提高中西部地区对产业转移的承接能力，能够促进经济活动空间再配置，为经济高质量发展注入新动能、形成新的增长点。这是赢得未来发展主动权的求变之为。党中央牢牢把握我国未来发展主动权，作出加快构建新发展格局战略部署。加强国家战略腹地建设，促进国内市场的统一和开放，推动国内大循环进入更高水平供需动态平衡，能够使构建新发展格局取得新突破，把国家发展与安全的战略基石筑得更加牢固。

国家战略腹地建在哪？腹地是相对于发展的前沿地区而言的，在我国主要指中西部内陆地区。国家战略腹地首先要在交通区位、经济发展、人口、资源等多维度具有重要中心地位。在我国广大中西部内陆腹地拓展战略纵深，构建以京津冀、长三角、粤港澳大湾区、成渝地区双城经济圈为互动支撑点的国内大循环空间，是未来国家经济体系和安全体系基本盘所在。

2023 年 7 月，习近平总书记在四川视察时，从大历史观和大战略视野出发，指出四川是我国发展的战略腹地，在国家发展大局特别是实施西部大开发战略中具有独特而重要的地位，要求四川依托制造业的独特优势，积极服务国家产业链供应链安全，高质量对接东部沿海地区产业新布局，建设“两高地、两基地、一屏障”，尽快成为带动西部高质量发展的重要增长极和新的动力源。2023年底召开的中央经济工作会议强调“优化重大生产力布局，加强国家战略腹地建设”。国务院批复《四川省国土空间规划（2021—2035年）》也明确“四川省地处长江上游、西南内陆，是我国发展的战略腹地，是支撑新时代西部大开发、长江经济带发展等国家战略实施的重要地区”。党的二十届三中全会再次强调“建设国家战略腹地和关键产业备份”。置身国家战略全局审视，加强国家战略腹地建设，是中西部内陆地区的重大历史机遇和新的时代使命。

国家战略腹地如何建？必须深入学习贯彻党的二十届三中全会和习近平总书记有关重要指示精神，贯彻总体国家安全观，以改革思维和创新举措加快推进。

第一，坚持“川渝一盘棋”，打造“一极一源”，更好服务国家重大生产力布局。习近平总书记在四川视察时指出，“要坚持‘川渝一盘棋’，加强成渝区域协同发展，构筑向西开放战略高地和参与国际竞争新基地，尽快成为带动西部高质量发展的重要增长极和新的动力源”；在重庆视察时强调，“重庆、四川两地要紧密合作，不断提升发展能级，共同唱好新时代西部‘双城记’”。我们要学习领会和贯彻落实习近平总书记重要指示批示精神，完善川渝“一体化”发展机制、跨行政区协同机制，把成渝地区双城经济圈建设纳入中央区域协调发展领导小组统一领导和统筹协调的范畴。加大经济区与行政区适度分离改革，以清单式授权川渝推动重点领域和关键环节改革，推进“破界”合作，保障重大项目、重大平台、重大改革顺畅落地，促进“双圈”融合发展。建立川渝产业协同发展机制，立足区域实际，把握国家优化重大生产力布局窗口期，对接东南沿海产业转移，构建保障有力的政策和金融支持体系，统筹部署、联袂发展新质生产力，健全人工智能、航空航天、高端装备、生物医药等战略性产业发展体制机制，协同构建创新链、产业链、资金链、人才链，谋划一批关键产业备份，提升产业链供应链韧性和安全水平，推进川渝产业“抱团”发展，共建具有全球竞争力的世界级产业集群，塑造发展新动能新优势，打造带动西部高质量发展的重要增长极和新的动力源。

第二，坚持系统谋划，加快建设西部创新高地，更好服务国家科技自立自强。科技创新已是大国博弈主战场和国际竞争最关键领域。四川高等院校、科研院所超 400 家，国家级创新平台 195 个，拥有中国工程物理研究院、中国核动力研究设计院、中航工业成都飞机设计研究所等科研“国家队”。我们要整合科教资源、推进科技创新央地协同，更好服务国家战略科技力量建设、加快实现国家科技自立自强。要完善科技创新力量整合、要素配置机制，统筹国家实验室、国家重点实验室、天府实验室建设，在川布局一批引领性强的国家重大项目，加快构建服务国家全局的实验室体系。深化基础研究、科技成果转化体制机制改革，提高基础研究支出在科技支出中的比重，推出更多原创性成果，打赢“卡脖子”关键核心技术攻坚战。优化首台（套）、首批次、首版次应用政策，激活科技成果转化。不拘一格培养造就一大批战略科学家、一流科技领军人才和创新团队。以西部创新高地建设助力打造“国之重器”和大国博弈“撒手锏”。

第三，坚持底线思维，加快打造保障国家重要初级产品供给战略基地，更好服务“大国储备”体系建设。粮食安全、能源安全是国家长治久安的压舱石。习近平总书记在四川视察时强调，要在推进乡村振兴上全面发力，打造新时代更高水平的“天府粮仓”，打造保障国家重要初级产品供给战略基地。四川作为全国粮食主产区和西部产粮大省，我们要健全推进乡村全面振兴长效机制，深化承包地“三权”分置改革，健全种粮农民收益保障机制，完善高标准农田建设验收管护机制、粮食和食物节约长效机制，建成更高水平的“天府粮仓”。作为全国最大清洁能源基地和战略性矿产资源大省，我们要深化能源管理体制改革，加快建设我国天然气、航油等能源生产储备基地，推进水风光氢储多能互补一体化发展，提高能源储备规模和应急调度能力。用好攀西国家级战略资源创新开发试验区政策，推进锂、稀土、钒钛等战略性矿产资源规模开发和产业集聚发展，建设安全可靠的“资源仓库”，提高极端情况下保障国家战略之需的能力。

第四，坚持高水平对外开放，构筑向西开放战略高地和参与国际竞争新基地，更好服务构建新发展格局。习近平总书记指出，“越是面临封锁打压，越不能搞自我封闭、自我隔绝”，要求四川构筑向西开放战略高地和参与国际竞争新基地。四川是“一带一路”和长江经济带联结点、西部陆海新通道重要起点。省会成都是我国战略物资四向快速流通的最佳中转点之一，是联通欧洲、南亚、东南亚的最佳交结点之一。我们要深化综合交通运输体系改革，建设“四向八廊”国际战略大通道，发展通用航空、低空经济、内河航运，打造国家综合立体交通极。深化外贸体制改革，完善中欧班列集结中心，建设国际物流枢纽中心、大宗商品资源配置枢纽，提高平时服务、急时应急、战时应战的战略支撑能力。推进自贸试验区制度创新，提升开放平台能级，高质量建设“一带一路”科技创新合作区，加快构筑向西开放战略高地和参与国际竞争新基地，在更大范围、更宽领域、更高层次引领形成循环畅通、优势互补、高质量发展的区域经济布局。

第五，坚持生态优先，筑牢维护国家生态安全的战略屏障，更好服务中华民族永续发展。生态安全是国家安全的绿色基石。四川是长江上游重要的水源涵养地、黄河上游重要的水源补给区，全球生物多样性保护重点地区，肩负着维护国家生态安全的重大政治责任。我们要健全山水林田湖草沙一体化保护和系统治理机制，深化生态环境损害赔偿制度改革，发挥国家公园体制优势建好若尔盖、大熊猫国家公园，高水平打造维护国家生态安全先行区。健全绿色低碳发展机制，系统推进全流域降碳减污扩绿增长，持续增强高质量发展绿色动能。构建上下游一体贯通的生态环境治理体系，推进流域横向补偿制度改革，坚定筑牢维护国家生态安全的战略屏障，为中华民族永续发展贡献力量。

（作者：全国政协委员，四川省政协主席）

以深层次改革推动制度型开放

吴富林

习近平总书记指出："改革和开放相辅相成、相互促进，改革必然要求开放，开放也必然要求改革。"党的二十届三中全会为新时代新征程上推动改革开放向广度和深度进军作出总动员、总部署。我们要更好把握新时代改革与开放的关系，以深层次改革推动制度型开放，为以中国式现代化全面推进强国建设、民族复兴伟业提供强大动力和制度保障。

一、深刻领会新时代新征程推进改革开放的重大意义

充分认识新时代改革开放的成功实践和伟大成就。党的

十一届三中全会是划时代的，开启了改革开放和社会主义现代化建设新时期。党的十八届三中全会也是划时代的，开启了新时代全面深化改革、系统整体设计推进改革新征程，开创了我国改革开放全新局面。改革开放是近半个世纪以来，中国大踏步走向世界、自主自强于世界的不竭动力。特别是新时代以来，以习近平同志为核心的党中央，以伟大的历史主动、巨大的政治勇气、强烈的责任担当，冲破思想观念束缚，突破利益固化藩篱，敢于突进深水区，敢于啃硬骨头，敢于涉险滩，以前所未有的力度开启了气势如虹、波澜壮阔的全面深化改革进程，推动我国迈上全面建设社会主义现代化国家新征程。

充分认识深化推进改革开放的历史必然性。改革开放是党和人民事业大踏步赶上时代的重要法宝。改革开放和社会主义现代化建设新时期，我们以改革开放为强大动力，推动党和国家各项事业取得伟大成就，我国实现了从生产力相对落后的状况到经济总量跃居世界第二的历史性突破，实现了人民生活从温饱不足到总体小康、奔向全面小康的历史性跨越，推进了中华民族从站起来到富起来的伟大飞跃。党的十八大以来，习近平总书记坚持总结和运用改革开放以来的宝贵经验，紧跟时代步伐，顺应实践发展，突出问题导向，围绕党的中心任务谋划和部署全面深化改革、全面扩大开放，攻克了许多长期没有解决的难题，办成了许多事关长远的大事要事，全面建成小康社会目标如期实现，党和国家事业取得历史性成就、发生历史性变革，中华民族迎来了从站起来、富起来到强起来的伟大飞跃。历史充分证明，改革开放是决定当代中国前途命运的关键一招。新时代新征程上，要开创中国式现代化建设新局面，仍然要靠改革开放。中国式现代化是在改革开放中不断推进的，也必将在改革开放中开辟广阔前景。

充分认识深化推进改革开放的现实紧迫性。当今世界百年未有之大变局加速演进，我国正处于实现中华民族伟大复兴关键时期。从国际看，世界经济进入深度调整期，经济全球化在曲折中前进，单边主义、保护主义抬头，多边贸易体制遭受严重冲击，国际经贸规则体系面临重构，国际治理迫切需要良治方案。随着中国日益走近世界舞台中央，中国对世界而言，已从“因变量”转变为“自变量”，中国如何发展将在很大程度上影响世界如何发展。中国所处的新的历史方位和所面临的国内外形势迫切要求改革开放全面深入推进。

二、准确认识新时代新征程改革与开放的内涵特征

新时代的改革是更加系统的深层次改革。党的十一届三中全会作出把工作中心转移到经济建设上来、实行改革开放的历史性决策。党的十八届三中全会作出全面深化改革的重大决定，明确提出市场在资源配置中发挥决定性作用，实现

改革由局部探索、破冰突围到系统集成、全面深化的转变，各领域基础性制度框架基本建立，许多领域实现历史性变革、系统性重塑、整体性重构。党的二十届三中全会对进一步全面深化改革作出系统部署，更加注重系统集成，更加注重突出重点，更加注重改革实效，提出300多项涉及体制、机制、制度层面的重要改革举措，牵引着中国式现代化建设的全局。从“改革”到“全面深化改革”再到“进一步全面深化改革”，既体现了改革决心与方向的一以贯之，更反映出改革层次与内涵的历史递进和深化升华。

新时代的开放聚焦更高水平的制度型开放。改革开放初期，我国主要依靠实施优惠政策，通过低成本要素开放积极发展外向型经济，建立了外商投资基本法律框架，健全完善涉外法律制度，引导国际资本、技术、管理等先进要素流向国内。2001年我国加入世贸组织，开始探索实践制度型开放，完善社会主义市场经济体制，深化涉外经济体制改革，提高贸易和投资自由化、便利化程度，迅速融入国际分工体系。党的十八大以来，我国实行更加积极主动的开放战略，对标国际高标准经贸规则，既持续深化要素流动型开放，又稳步拓展规则、规制、管理、标准等制度型开放，提出共建“一带一路”倡议，推进自由贸易试验区和自由贸易港建设，举办中国国际进口博览会，申请加入《全面与进步跨太平洋伙伴关系协定》《数字经济伙伴关系协定》，推进国际主权债务多边治理。党的二十届三中全会进一步部署稳步扩大制度型开放，既对标国际一流水平，明确主动对接国际高标准经贸规则、扩大自主开放、深化援外体制机制改革等，又积极参与国际规则制定，提出维护多边贸易体制、扩大高标准自由贸易区网络、建立同国际通行规则衔接的合规机制等。制度型开放已成为我国高水平对外开放的重要标志，并向着更大范围、更宽领域、更深层次推进。

三、统筹把握以深层次改革推动制度型开放的内在统一逻辑

两者在理论层面辩证统一。改革与开放从来都是分不开的。马克思主义政治经济学认为，世界一体化、经济全球化是经济社会发展的必然趋势。马克思、恩格斯在《德意志意识形态》中写道，“各民族的原始封闭状态由于日益完善的生产方式、交往以及因交往而自然形成的不同民族之间的分工消灭得越是彻底，历史也就越是成为世界历史”。改革作为解放和发展社会生产力的关键，其推动社会发展的必然趋势就是从封闭走向开放，这也赋予了改革本身鲜明的国际化属性。改革的本质在于优化甚至破除不适应生产力发展的生产关系及其制度安排，形成对全球要素资源具有强大引力场的开放型制度体系。同时，开放也为经济活动开辟了广泛的国际空间，丰富了生产要素配置范围和配置方式，使我们必须面临多种国际通行的制度体制规范，这就为改革提供了外

在动力和压力。越是开放，改革进程越不可逆转。

两者在制度层面有机转化。制度型开放为深层次改革提供强大外在动力，通过引进、借鉴国际高标准规则、规制、管理、标准，可以推动国内加速建设与国际先进水平衔接的经济运行规则体系，打造透明稳定可预期的制度环境，加快营造市场化、法治化、国际化营商环境。深层次改革为制度型开放提供重要制度保障，只有聚焦外贸体制、外商投资和对外投资管理体制、金融国际化等重点领域、关键环节制度机制开展改革，才能有效破除阻碍经营主体公平竞争的体制机制障碍，消除因标准差异形成的市场准入门槛和技术壁垒，更好建设适应全球经济治理变革趋势的开放型经济体制。可以说，制度型开放到什么水平，取决于深层次改革到什么程度。

两者在治理层面内外联动。对内，深层次改革是提升国家治理与社会运行现代化的重要动力。党的十八大以来，我们党通过全面深化改革完善各方面制度，推动中国特色社会主义制度更加成熟定型，国家治理体系和治理能力现代化水平明显提高，党和国家事业不断焕发出新的生机活力。对外，制度型开放是参与全球经济治理体系改革的重要路径。当前，抢占国际规则和标准制定的战略制高点已成为大国博弈重点。制度型开放有助于我们从规则适应者逐渐转变为规则制定者、引领者，提升国际话语权，为全球治理体系建设贡献更多中国智慧、中国方案。

四、以深层次改革推动制度型开放的重点任务

新征程上，要坚持以习近平新时代中国特色社会主义思想为指导，深入学习贯彻党的二十届三中全会精神，坚持对外开放基本国策，坚持人民至上、自信自立、守正创新、问题导向、系统观念、胸怀天下，以深层次改革新成效稳步推动制度型开放，更好构建与我国作为世界第二大经济体和最大发展中国家地位相适应的开放格局。

一是打造透明稳定可预期的制度环境。进一步完善产权保护、市场准入、公平竞争、社会信用等市场经济基础制度，主动对接国际高标准经贸规则，在产业补贴、环境标准、劳动保护、政府采购、电子商务、金融领域等方面实现相通相融。

二是深化外贸体制改革。更好发挥自由贸易试验区、海南自由贸易港等开放平台先行先试作用，打造贸易强国制度支撑和政策支持体系，推动货物贸易优化升级，创新发展数字贸易，有序扩大商品市场、服务市场、资本市场、劳务市场等领域对外开放。

三是深化外商投资和对外投资管理体制改革。持续放宽外资市场准入，扩大鼓励外商投资产业目录，合理缩减外资准入负面清单，保障外资企业在要素获取、资质许可、政府采购等方面的国民待遇，健全对外投资管理服务体系。

四是完善推进高质量共建“一带一路”机制。建立更多

贸易畅通、投资合作、服务贸易等国际合作机制，加强绿色发展、数字经济、人工智能、能源、税收、金融、减灾等领域的多边合作平台建设，继续实施“一带一路”科技创新行动计划。

五是参与全球经济治理体系改革。全面参与世界贸易组织改革和国际经贸规则调整，加强涉及利率、汇率、资本流动、人民币国际化等国际宏观经济政策多双边协调，继续办好进博会、广交会、服贸会、数贸会等展会，提供更多全球公共产品。

（作者：全国政协委员，中国进出口银行董事长）

坚持农业农村优先发展
破解城乡融合根本性难题

张合成

党的二十届三中全会通过的《中共中央关于进一步全面深化改革、推进中国式现代化的决定》（以下简称《决定》）指出，“城乡融合发展是中国式现代化的必然要求。必须统筹新型工业化、新型城镇化和乡村全面振兴，全面提高城乡规划、建设、治理融合水平，促进城乡要素平等交换、双向流动，缩小城乡差别，促进城乡共同繁荣发展”，“坚持农业农村优先发展，完善乡村振兴投入机制”。党的十八大以来，我国打赢了人类历史上规模最大的脱贫攻坚战，全面实施乡村振兴战略，农业农村实现历史性变革、系统性重塑、整体性重构，农民获得感显著增强。同时，受制于人均资源不足、底子薄、历史欠账较多等原因，同新型工业化、信息化、城镇化相比，农业现代化明显滞后，农村距离基本具备现代生活条件还有很大差距。我国发展最大的不平衡是城乡发展不平衡，最大的不充分是农村发展不充分，农业农村农民问题是关系国计民生的根本性问题，全面建设社会主义现代化国家最艰巨最繁重的任务仍然在农村。到 2035 年基本实现农业现代化只有 12 年时间，到 21 世纪中叶建成农业强国也只有 20 多年时间，时间紧、任务重、难度大。强国必先强农，农强方能国强。城乡融合发展是中国式现代化的必然要求。破解根本性难题、完成最艰巨最繁重任务，已成为中国式现代化建设的重中之重。

坚持农业农村优先发展，是党中央实施乡村振兴战略的总方针，标志着我们党历史性地把农业农村工作摆在了党和国家的优先位置。习近平总书记多次强调，把农业农村优先发展的要求落到实处，在干部配备上优先考虑，在要素配置上优先满足，在公共财政投入上优先保障，在公共服务上优先安排。党的十九大、二十大连续强调要坚持农业农村优先发展。党的二十届三中全会再次提出坚持农业农村优先发展，就是以深化改革解决农业农村底子薄、欠账多、短板突出的问题，以优先发展破解与“三农”相关的不充分、不平衡、不可持续、循环不畅、不公平等经济社会发展根本性难题，用完善的制度防范化解风险、有效应对挑战。

一、以优先发展破解发展动力不足难题

习近平总书记指出："建设农业强国，利器在科技，关键靠改革。必须协同推进科技创新和制度创新，开辟新领域新赛道，塑造新动能新优势，加快实现量的突破和质的跃升。"理论界要把学习习近平总书记关于"三农"工作的重要论述作为必修课，为算好农业农村优先发展的眼前账与长远账、经济账与政治账提供理论支撑，坚定农业农村优先发展的信心。农业科技投入是长线投资，回报周期十分长，需要长远眼光和体制保障。要用"养兵千日，用在一时"的恒心耐心，稳定农业科教体系。以"十年之计，莫如树木，终身之计，莫如树人"战略眼光，推进农业教育面向农村农民。针对农业企业数量少、规模小、创新能力弱的特殊国情，采用特殊政策提升研发能力。乡村制度创新要立足小农数量众多的基本农情，以家庭经营为基础，坚持统分结合，形成中国特色的农业适度规模经营。农村改革要防止一分了事或一并了事。"统"的公平正义需要强化，"分"的原始动力仍要尊重。统，不应是垒大户，而是集中力量解决小农户办不了的难事。分，要汲取购销服务一放了事、金融服务一放了事、生产资料供销一放了事、科技推广服务一放了事的教训。

二、以优先发展破解城乡差距难题

城乡发展之所以成为“最大不平衡”，关键在于公共设施和服务的欠账短板较多。习近平总书记指出：“要瞄准‘农村基本具备现代生活条件’的目标，组织实施好乡村建设行动，特别是要加快防疫、养老、教育、医疗等方面的公共服务设施建设，提高乡村基础设施完备度、公共服务便利度、人居环境舒适度，让农民就地过上现代文明生活。”要立足资源禀赋和发展阶段，解决农业农村发展最迫切、农民反映最强烈的实际问题。农村社会从自运行体系向城乡互动体系转变过程中，城与乡、工与农、产与销、物质与精神关系更加复杂，当前主要表现为收入、贫富、基础设施、公共服务、科技、信息化等六个方面的城乡差距亟待解决。粮食主产区与主销区协调发展需要制度创新，主产区付出大量财政补贴，客观上形成“穷省”补贴“富省”，这种“反常性”补贴方式打击了产粮贡献率高的地方政府抓粮的信心。要考虑到乡村文化振兴的紧迫性，铺天盖地的“进城上学”“进城赚钱”“城市才有现代生活”等重城轻乡思维容易消解人们对乡土文化的价值认同。农耕文明是现代文明的根脉，要夯实乡风文明建设的思想与制度基础，推进农耕文明和城市文明交相辉映，物质文明和精神文明协调发展。

三、以优先发展破解发展与保护难题

习近平总书记指出，中国式现代化是人与自然和谐共生的现代化，绿色发展是农业发展观的一场深刻革命。党的二十届三中全会关于围绕完善生态文明制度体系，协同推进降碳、减污、扩绿、增长，积极应对气候变化，加快完善落实绿水青山就是金山银山理念的体制机制等作出改革部署，为系统破解农业农村“不可持续”发展问题提供了遵循。一要实现发展观念上的绿色变革。乡村生态宜居不仅为人们的生存发展提供了舒心宽厚的自然条件和物质基础，还构筑了人们的精神家园和情感寄托。要深刻理解绿水青山就是金山银山理念，把保护优先、节约优先、自然修复为主的观念吃透，资源上防止“非农化”“非粮化”冲动，发展上防止金山银山的诱惑。同时必须坚持发展是硬任务，防止原始浪漫、乡土崇拜的理想主义，扎实推进农业农村高质量发展。二要实现生产方式上的绿色变革。乡村生态是美丽中国建设最繁重最艰巨的任务。防止机械套用城市排污模式，确保植物秸秆、人畜粪便、生活废料中有机质还田循环，彰显乡村生态固有特色与生命力。三要实现生活方式的绿色变革。最公平的公共产品是环境，最普惠的民生福祉是环境。乡村生态文明建设措施，细化到每家每户，照顾长久形成的生活习惯，强化内在自觉和天然优势。实现农业生产、农村建设、乡村生态、农民生活良性循环，生态农业、低碳乡村成为现实。

四、以优先发展破除经济循环壁垒

分配连着生产与消费，直接影响产业循环畅通水平。《决定》提出："完善收入分配制度。构建初次分配、再分配、第三次分配协调配套的制度体系，提高居民收入在国民收入分配中的比重，提高劳动报酬在初次分配中的比重。"初次分配是更为基础性的分配关系，如果在初次分配中出现重大的社会不公正，在政府再分配中就很难加以扭转，从而造成收入差距扩大。要高度关注农民种粮务农积极性与初次分配的关系变化。一要关注农户创造价值与获得利润错配问题。我国绝大多数耕地需要用来种粮，确保农民愿意种、有钱赚，就要避免粮价过低导致"谷贱伤农"。粮价太低制约了种粮对初次分配的贡献，也会强化"非农化""非粮化"冲动。二要赋能小生产平等分享大市场红利。生产、分配、流通、消费循环中，分配是否公平合理，直接影响到劳动者的积极性、社会成员获得社会财富的多少。由于大国小农特殊国情，小农户与供应商、流通商、加工商利润分配严重不均。只有赋能小农户，提升分配环节公平性，才能提高小农分享大市场的红利份额，畅通农业农村经济循环。三要破除产业间互通互利的壁垒。部门之间、产业之间、地区之间、城乡之间的开放与对外开放一样，具有巨大的价值。打通种养生产链循环，推进粮与饲、粮与肉、粮与菜、粮与果等协调发展。打通生产资料供应链循环，发展低成本农业生产性服务业。

打通农业生产与加工产业链循环，生产与营销服务链循环，农业与旅游、教育、文化、康养等产业循环。四要疏通资本等要素流向乡村的渠道。解决乡村用地难，促进农民对土地增值收益的合理分享。解决农村就近就业难、融资难，吸引社会资本增加农业农村发展投入。解决引才难，建立农业科技优先发展政策体系。解决数字鸿沟，充分挖掘和利用农业农村数据资源的价值。

五、以优先发展破解发展机会不均等难题

农业农村优先发展，要求更加注重机会公平，保障城乡居民基本民生均等。共享发展理念是农业农村优先发展的思想基础，是按照人人参与、人人尽力、人人享有的要求，实现全民共享、全面共享、共建共享、渐进共享。一是树立小农户同步进入现代化理念。在鼓励发展多种形式适度规模经营的同时，完善小农户的扶持政策，加强面向小农户的社会化服务，把小农户引入现代农业发展轨道。二是明确让农民就地过上现代文明生活的要求。乡村振兴，是让农村具备现代生活条件、让农民就地过上现代文明生活，而不是赶农民上楼，更不是催农民进城。乡村建设为农民而建，要留住乡风乡韵乡愁，照顾农民感受，紧盯种粮挣钱、就近就业、就近入学、看病便利等农民急需、普惠性高、兜底性强、带动面大的牵引性工程，久久为功，扎实推进。三是以公平正

义为底线构建优先发展制度体系。坚持政策取向一致性，加强财政、货币、土地、就业、产业、区域、科技、环保等政策面向农业农村的协调配合，确保同向发力、形成合力。要更加突出耕地保护、环境保护与乡村发展政策的协同，既要防止资本“跑马圈地”破坏环境，也要防止渲染“资本原罪论”等吓跑企业，将此作为落实政策的双重考核目标。

（作者：全国政协委员，中国农业科学院原党组书记）

构建积极生育保障体系 促进人口高质量发展

贺　丹

2023年5月，在二十届中央财经委员会第一次会议上，习近平总书记提出以人口高质量发展支撑中国式现代化的重大论断。会议要求把人口高质量发展同人民高品质生活紧密结合起来，促进人的全面发展和全体人民共同富裕，部署了包括建立健全生育支持政策体系在内的促进人口高质量发展等五项任务。党的二十届三中全会进一步提出了健全人口发展支持和服务体系的明确要求，为构建生育保障制度、积极应对低生育挑战指明了方向。

一、“积极社会政策”概念的提出及其现实价值

在社会政策发展过程中，不同国家和地区发展出不同类型的福利保障模式，既有注重以市场为基本原则、以资产调查为基本手段的自由主义保障模式，也有追求福利覆盖面的社会民主主义保障模式，还有建立在“社会保险”基础之上、强调家庭应该成为福利供给核心的社会合作——保守主义保障模式。多数研究发现国家财政投入水平的提升有助于保持和提升生育率，生育支持政策不仅可以对养育孩子的家庭予以极大的支持，还可以有效促进社会平等。因此，在人口发展新常态下，我们需要客观审视生育支持的政策属性，统筹考虑生育支持成本和效益之间的关系、微观家庭生育行为的外部性和宏观人口高质量发展之间的关系。

近 20 年来，各国社会政策的“积极化”转向较为明显。社会政策被视为一种新的生产要素，通过“投资于人”来提高竞争能力，推动经济和就业增长，这已成为发达国家的共识。社会政策旨在促进就业和健康生活，在改善弱势群体生活条件的同时对社会产生整体性回报。以习近平同志为核心的党中央强调，要加大投资于人的力度，使劳动者更好适应变化了的市场环境。在应对全球化、数字化、国际竞争等形势挑战的过程中，“积极社会政策”的概念强调将社会政策的重点从确保个人免受少数明确的突发事件影响转向投资于个体和家庭的能力提升，在更加广泛的社会保障体系中充

分发挥个人、企业和社会组织的重要作用。因此，生育支持政策不是消耗性的社会福利，而是发展性的人力资本和社会投资。

我国目前的生育支持政策与人民群众的期待还有一定差距。自 2021 年党中央、国务院出台《关于优化生育政策、促进人口长期均衡发展的决定》以来，我国推出一系列生育配套支持措施，并提出了建立健全生育支持政策体系的目标。各地生育支持政策的内容涉及经济、服务、文化等多个领域，政策支持的范围涵盖了婚嫁、生育、养育、教育等多重问题，但仍缺乏相关的制度安排保障政策落实。比如，现有政策落实不到位，相关法律法规和政策文件衔接不足，“生育惩罚”“雇主惩罚”等女性就业歧视现象依然存在，教育、住房、医疗等影响家庭生育的深层次结构问题亟待向着有利于家庭养育子女的方向改进；生育支持服务体系不健全，仅有 7% 的婴幼儿在托育机构得到照护，大多数家庭存在孩子没人带、带不好等问题；妇女生育延迟，不孕不育率上升，生殖健康服务的新需求未得到充分满足；农村地区困境儿童、留守儿童的早期发展面临挑战，婴幼儿健康管理亟待加强；生育支持基本制度不健全，生育保险作为补偿女职工生育期间经济收入、平衡企业负担的重要保障制度，目前存在覆盖范围小、筹资渠道单一、生育政策调整后基金运营压力大等问题和挑战；财政支持长效机制尚未建立，各级财政投入水平低、地区差异大、可持续性弱，对家庭生育养育支持不足。为此，迫切需要转变理念，实现生育支持制度性突破。

二、以积极生育保障应对少子化挑战

《中共中央关于进一步全面深化改革、推进中国式现代化的决定》指出，要健全人口发展支持和服务体系，完善生育支持政策体系和激励机制，探索建立全国统一的人口管理制度。这为我们进一步在人口领域全面深化改革，实现以人口高质量发展支撑中国式现代化的目标提出了更高要求。落实党的二十届三中全会精神，必须坚持以人民为中心的发展思想，以促进家庭和谐幸福和人的全面发展为目标，深化人口服务管理制度改革。为此，迫切需要在生育保障领域实现历史性变革、系统性重塑、整体性重构，建立基础性制度框架，奠定未来人口发展的百年大计。

积极生育保障是统筹经济社会发展的融合点，是保障民生和高质量发展的连接点。积极生育保障有利于落实就业优先国家战略、稳定劳动参与率的积极劳动力市场政策。以促进家庭育儿与职业发展为目标，通过与劳动相关的福利投入带来更有效的劳动参与，促进稳定就业，增加家庭收入。积极生育保障也是对人这一最灵动生产要素的投入。通过增加投入，可以减轻“三育”成本，提高出生人口素质、促进人的全面发展，塑造现代化人力资源。积极生育保障还是对家庭生育价值正向外部性的补偿。尊重家庭育儿的经济社会价值，将家务劳动和照料行为的外部经济效果内在化，对婴幼儿照护人员给予补贴。据测算，中国照料经济价值约占 GDP 的 25%，其中女性贡献了近 2/3 的照料劳动，育儿补贴是尊重女性照料劳动经济价值的重要体现。总之，积极生育保障制度可以对家庭婚姻给予保护，平衡家庭和事业发展矛盾，帮助家庭实现生育意愿，从而实现人的全面发展、人民高品质生活、家庭和谐幸福、生育水平提升等多重目标的协同推进。

积极生育保障首先要解决生育成本的分担机制。在社会分工相对简单且福利体系不完善的传统社会，家庭既是生育收益的主要接受者，也是生育责任和成本的主要承担者。在社会分工细化和福利体系逐步完善的现代社会，生育收益的主要接受者从家庭拓展至组织和国家，用人单位和政府公共部门也承担部分生育责任和成本。用人单位可以通过发放工资薪酬、缴纳社会保险费用、执行工作假期制度等方式承担部分生育成本，但这会导致用人单位将生育成本向外转嫁，更倾向于招聘男性或没有生育意愿的女性，结果强化了劳动力市场的就业歧视。推动实现适度生育水平、优化劳动力供给结构、积极应对人口老龄化等目标对于宏观层面的经济社会高质量发展具有重要意义。国家是生育水平提升的重要受益者。因此，在低生育水平的社会中，国家应承担必要和基本责任，采取相对积极的公共财政政策，同时运用法律、制度、政策等手段综合施策，支持家庭发展能力提升，推动形成家庭、用人单位、政府部门生育责任共担机制。

积极生育保障的相关者除了个体和家庭外，也包括其他分担生育成本和接受外部效益的社会成员。在传统理解中，女性被视为与生育直接相关的行动者，对男性及其他家庭成员、企业等用人单位的影响常常被忽视。然而，在我国社会文化中，生育决策是家庭行为也是社会行为，并不完全受女性的个人意愿所决定，家庭成员、用人单位和政府部门在育儿责任分担方面所发挥的作用也会直接影响家庭生育决策。因此，生育保障的对象可以划分为四个层次：第一个层次是与婚育行为直接相关的社会成员，保障对象包括育龄男性和女性。聚焦于改善育龄人群生殖健康水平，促进职育平衡，减轻婚姻、生育、养育的负担，提高婚姻和生育意愿。第二个层次是与养育行为直接相关的社会成员，保障对象包括提供照料服务的祖辈、父母和机构。聚焦于减轻家庭婴幼儿照护负担，提高祖辈、男性参与婴幼儿照护的意愿和能力，改善家庭观念和促进关系和谐，发展普惠托育服务，推动构建良好的生育养育家庭环境。第三个层次是与教育行为直接相关的社会成员。聚焦于减轻家庭育儿焦虑，提升健康、教育资源的均衡性，提高儿童早期发展能力，保障儿童平等获得高质量教育服务的权利，增加生育子女的价值感和获得感。第四个层次是与生育成本分担责任相关的社会成员，包括用人单位、地方政府和社会组织。聚焦于建立合理的财政投入、成本分担和效果评价机制。无论是哪个层次的保障政策，都需要注重个体生育、养育和教育权利义务的统一，根据社会成员的实际劳动价值和投入判定其是否应当接受支持以及应当接受何种程度的保障。考虑到家庭内部分工及地位差异，生育保障的判定标准不仅应与家庭整体经济状况相关联，也应与儿童、女性、老年人等家庭成员的生活水平相关联，与用人单位、地方政府、社会组织的责任承担能力相关联。

积极生育保障体系应包含生育支持政策体系、生育保障基本制度、婚育服务支撑体系三方面内容。生育支持政策体系全方位干预生育影响因素，从降低居住成本、减轻教育焦虑、减轻医疗负担、促进女性就业、保障假期待遇、倡导婚育新风等维度对影响生育养育的主要因素进行重点干预。建立生育保障基本制度，确保生育支持政策落地，同时支持服务体系的发育和完善，形成积极的劳动力市场环境，实施覆盖灵活就业和城乡居民的全民生育保险制度，实施支撑托育服务、鼓励代际支持、城乡均衡的婴幼儿照护补贴制度，实施主动干预的生殖健康保障制度。通过覆盖全生命周期的婚育服务支撑体系减轻生育焦虑和压力，提供生殖健康服务、婚恋服务、母婴保健服务、托育服务、家庭育儿指导、家庭观念养成等全程支持。

二十届中央财经委员会第一次会议指出，要以系统观念统筹谋划人口问题，以改革创新推动人口高质量发展，把人口高质量发展同人民高品质生活紧密结合起来，促进人的全面发展和全体人民共同富裕。十四亿人口的发展中大国，发展途径和方式必然具有自己的特点，如何平衡经济发展和民生保障，没有现成的经验可以照搬照学，只能通过改革探索、制度创新，逐步建立完善中国特色社会主义生育保障体系，走出一条统筹解决人口问题的发展道路。

（作者：全国政协委员，中国人口与发展研究中心主任）

健全协商民主机制　彰显协商民主优势

赵　凡

协商民主是我国社会主义民主政治的特有形式和独特优势，是实践全过程人民民主的重要形式。党的二十届三中全会通过的《中共中央关于进一步全面深化改革、推进中国式现代化的决定》（以下简称《决定》）对健全协商民主机制作出重要部署，这对于全面发展协商民主、健全全过程人民民主制度体系具有重要意义。2024 年是人民政协成立 75 周年。新征程上，要充分发挥人民政协作为专门协商机构作用，以制度机制的不断完善推动协商民主不断发展，使协商民主彰显更大优势、发挥更大效能。

一、深刻认识健全协商民主机制的重大意义

健全协商民主机制，是《决定》提出的进一步全面深化改革的重要任务。新时代以来，以习近平同志为核心的党中央着眼发展全过程人民民主、全面建设社会主义现代化国家，科学定位、全面推进社会主义协商民主，社会主义协商民主已经深深嵌入我国社会主义民主政治全过程，显示出旺盛生命力和蓬勃生机活力。新征程，健全协商民主机制，更加突出制度机制建设的重要支撑、保障、动力作用，对进一步提高全过程人民民主制度化、规范化、程序化水平，为全面推进强国建设、民族复兴伟业凝心聚力具有重大意义。

（一）有利于更好保证人民当家作主。保证人民当家作主，要求我们在治国理政时在人民内部各方面进行广泛商量，保证人民依法有效行使管理国家事务、管理经济和文化事业、管理社会事务的权力。1949 年 9 月，中国人民政治协商会议第一届全体会议召开，标志着中国共产党领导的多党合作和政治协商制度正式确立。改革开放和社会主义现代化建设新时期，我们党发展社会主义民主政治，推进社会主义协商民主稳步发展。新时代，我们党明确提出协商民主同选举民主共同构成中国社会主义民主政治的制度特点和优势，在社会主义协商民主理论创新、制度创新、实践创新上取得新的丰硕成果。健全协商民主机制，有利于进一步丰富

民主形式、深化民主内涵、拓宽民主参与渠道，更好保障人民在日常政治生活中持续参与的权利，确保人民当家作主具体地、现实地落实到国家政治生活和社会生活的方方面面。

（二）**有利于丰富发展社会主义民主政治理论。**从1949年9月召开的中国人民政治协商会议第一届全体会议开启协商建国、共创伟业的新纪元，到改革开放后将中国共产党领导的多党合作和政治协商制度确立为我国的一项基本政治制度，再到新时代提出全面发展协商民主，社会主义民主政治理论始终随着中国实践的发展、时代的变迁而与时俱进，始终随着党和国家事业的发展而发展。新征程上，不断健全协商民主机制，我们在发展协商民主上将会有更多制度创新、实践创新，将为丰富发展社会主义民主政治理论提供更多源头活水，也将为人类对民主的探索作出更大贡献。

（三）**有利于顺利推进中国式现代化。**中国式现代化是全体人民的共同事业，必须激发全体人民的积极性、主动性、创造性。健全协商民主机制，作为健全全过程人民民主制度体系的重要内容，充分彰显了人民立场、人民力量，能够更好把人民当家作主具体地、现实地体现到党治国理政的政策措施上来，体现到人民对自身利益的实现和发展上来；能够更广泛畅通各种利益要求和诉求进入决策程序的渠道，凝聚人心、加强团结、增进共识；能够更广泛汇聚起人民群众中的无穷智慧和力量，动员人民群众以主人翁精神投身中国式现代化建设。

（四）有利于防范化解风险挑战。全面建设社会主义现代化国家，前途光明，任重道远。当前，世界百年未有之大变局加速演进，局部冲突和动荡频发，全球性问题加剧，外部环境更加复杂严峻。我国经济回升向好、长期向好的基本趋势没有改变，但也面临发展中、转型中的问题。健全协商民主机制，有利于密切党同人民群众的血肉联系，在协商中统一思想、化解矛盾、增进共识，在协商中加强团结、凝聚智慧、汇聚力量，使全国上下心往一处想、劲往一处使，拧成一股绳；有利于加强大团结大联合，动员海内外中华儿女一起来想、一起来干，共同应危机、育新机、开新局，在团结奋斗中战胜前进道路上的一切风险挑战。

二、深刻领会健全协商民主机制的丰富内涵

习近平总书记指出："发展社会主义民主政治，关键是要增加和扩大我们的优势和特点，而不是要削弱和缩小我们的优势和特点。"健全协商民主机制，是我们党着眼于新征程上进一步提升协商民主发展水平、更好发挥我国社会主义民主政治优势和特点作出的重要部署。我们要深刻领会健全协商民主机制的战略考量、主要目标、重点任务等，在实践中更好贯彻落实这一重要部署。

（一）协商民主是中国社会主义民主政治中独特的、独

有的、独到的民主形式。实现民主的形式是多样的，各国民主植根于本国的历史文化传统，成长于本国人民的实践探索和智慧创造。我们党团结带领人民不断实践、探索创新，创造和发展了社会主义协商民主，并且不断深化对其在社会主义民主政治中的地位、作用的认识。毛泽东同志说："我们政府的性格，你们也都摸熟了，是跟人民商量办事的""可以叫它是个商量政府"。邓小平同志强调："发展社会主义民主，调动人民和基层单位的积极性。"新时代，在深刻洞察、深入总结我国社会主义民主建设实践和经验的基础上，习近平总书记指出："在中国社会主义制度下，有事好商量，众人的事情由众人商量，找到全社会意愿和要求的最大公约数，是人民民主的真谛""协商民主是中国社会主义民主政治中独特的、独有的、独到的民主形式"。社会主义协商民主能够密切党同人民群众的血肉联系、保障人民有序政治参与、促进科学决策民主决策，具有鲜明特点和独特优势。健全协商民主机制，就是要充分发挥协商民主的优势，彰显人民民主的真谛，不断把这一民主形式的独特优势转化为治理效能，为全过程人民民主的蓬勃发展注入生机活力。

（二）发展协商民主的目标任务是凝聚人心、汇聚力量。共识是奋进的动力。进一步全面深化改革、推进中国式现代化，需要凝聚人心、汇聚力量。协商民主是团结和凝聚全国各族人民共同致力于中国特色社会主义事业的有效民主形式。在中国共产党统一领导下，通过多种形式的协商，广泛听取意见和建议，广泛接受批评和监督，可以广泛达成决策和工作的最大共识。在人民内部各方面就改革发展稳定重大问题特别是事关人民群众切身利益的问题进行广泛协商，发扬民主、集思广益，就是统一思想、凝聚共识的过程，能够为国家治理和社会治理奠定深厚基础、积聚强大力量。健全协商民主机制，就要完善协商民主体系，丰富协商方式，畅通协商民主渠道，广纳群言、广集民智，增进共识、增强合力。

（三）健全协商民主机制的重点是推进协商民主广泛多层制度化发展。健全协商民主机制，要构建程序合理、环节完整的协商民主体系，健全各种制度化协商平台，推进协商民主广泛多层制度化发展。要健全政党协商、人大协商、政府协商、政协协商、人民团体协商、基层协商以及社会组织协商制度化平台，根据不同协商渠道优势特点，分类形成制度规范、实施步骤和工作规则，加强各种协商渠道协同配合。健全协商于决策之前和决策实施之中的落实机制，对明确规定需要协商的事项必须经协商后提交决策实施，健全知情明政机制，健全决策咨询制度，广集良策促进决策优化，广聚共识推动决策实施。完善协商成果采纳、落实、反馈机制，推动协商成果转化为工作成效。

三、深刻把握健全协商民主机制的职责任务

人民政协是社会主义协商民主的重要渠道和专门协商

机构。要提高政治站位，切实落实《决定》对发挥人民政协专门协商机构作用作出的新的部署，全面落实政协工作领域各项改革要求，健全协商民主机制。

（一）坚定走好第一方阵。深刻领悟“两个确立”的决定性意义，坚决做到“两个维护”，深入学习领会习近平总书记关于全面发展协商民主的重要论述、习近平总书记关于加强和改进人民政协工作的重要思想，深入学习贯彻党的二十届三中全会精神，吃透精神、把握要义、真正把看家本领学到手。结合健全协商民主机制工作重点，就全会提出的贯彻原则、系统部署、改革措施进行理论研究、学理阐释。引导参加人民政协的各党派团体和各族各界人士深入学习党的二十届三中全会精神，把学习全会精神的成效转化为推进中国式现代化的强大力量。

（二）聚焦党和国家中心任务。要坚持围绕中心、服务大局，锚定中国式现代化的目标任务，聚焦发挥经济体制改革牵引作用、构建支持全面创新体制机制、完善高水平对外开放体制机制等方面的重点难点热点问题，深入调查研究，积极协商议政，提出具有前瞻性、战略性、可操作性的意见和建议，努力为党和政府科学决策提供参考。发挥政协人才荟萃、智力密集的优势，引导广大政协委员、界别群众献计出力，不断汇聚团结奋斗的磅礴力量。

（三）发挥专门协商机构作用。健全深度协商互动、意见充分表达、广泛凝聚共识的机制，坚持发扬民主和增进团结相互贯通、建言资政和凝聚共识双向发力，运用政协全体会议、专题议政性常务委员会会议、专题协商会等多种形式，促进民主党派和无党派人士在政协更好发挥作用，推动深入协商议政。加强人民政协反映社情民意、联系群众、服务人民机制建设，把满足人民对美好生活的需要、促进民生改善作为协商议政重点，完善政协委员联系界别群众制度机制，做好凝聚共识、增进团结、汇聚力量的工作。准确把握人民政协民主监督性质定位，完善人民政协民主监督机制，充分发挥协商式监督的优势和作用。

（作者：全国政协委员，
中央社会主义学院原党组副书记、副院长）

加强人民政协联系群众机制建设

惠建林

群众路线是我们党的生命线和根本工作路线。习近平总书记指出，党的最大政治优势是密切联系群众，党执政后的最大危险是脱离群众。协商民主既是党的群众路线在政治领域的重要体现，也是实践全过程人民民主的重要形式。党的二十届三中全会通过的《中共中央关于进一步全面深化改革、推进中国式现代化的决定》聚焦健全全过程人民民主制度体系，对健全协商民主机制作出重要部署，提出“加强人民政协反映社情民意、联系群众、服务人民机制建设”等任务要求，这为人民政协坚持和贯彻党的群众路线、进一步加强联系群众机制建设指明了前进方向。

加强人民政协联系群众机制建设，要深刻领悟习近平总书记关于密切联系群众的重要论述。党的十八大以来，习近平总书记围绕密切联系群众发表了一系列重要论述，强调密切党群、干群关系，保持同人民群众的血肉联系，始终是我们党立于不败之地的根基；强调要坚持一切为了群众，一切依靠群众，从群众中来，到群众中去，把党的正确主张变为群众的自觉行动；强调要心中始终装着老百姓，真正解决好“我是谁、为了谁、依靠谁”的问题；强调要带头走好群众路线，把心系群众、情系百姓体现到履职尽责全过程各方面；等等。这些重要论述体现了我们党全心全意为人民服务的根本宗旨，反映了坚持以人民为中心的发展思想的鲜明态度，为走好新时代群众路线提供了根本遵循。

加强人民政协联系群众机制，要认真落实党中央对政协联系群众工作的重要要求。密切联系群众是党中央对各级政协组织和广大政协委员的重要要求，是强化委员责任担当、更好履行政协职能的应有之义。习近平总书记指出：“人民政协要广泛联系和动员各界群众，协助党和政府做好协调关系、理顺情绪、化解矛盾的工作。要鼓励和支持委员深入基层、深入界别群众，及时反映群众意见和建议，深入宣传党和国家方针政策。”党的二十大报告强调，要完善委员联系界别群众制度机制。中央政协工作会议强调，人民政协要坚持改革创新，着力增强政治把握能力、调查研究能力、联系群众能力、合作共事能力。贯彻落实党中央部署要求，要始终坚持党的领导，夯实组织基础，突出界别特色，强化工作机制，把全方位推进人民政协联系群众工作做深做实。

加强人民政协联系群众机制建设，要深化认识党的二十届三中全会关于健全协商民主机制的重要部署。党的二十届三中全会对健全协商民主机制的要求，与党的十八届三中全会、党的二十大、中央政协工作会议等要求既一脉相承，又与时俱进。中国式现代化，民生为大。全面深化改革，人民至上。加强人民政协联系群众机制，需要我们始终坚持人民政协为人民，体学习领会、深入调查研究，对联系群众与反映社情民意、服务人民等机制的内在关系和相互侧重点进行系统梳理，对联系谁、联系什么、怎样联系等理论和实践问题进行深化研究，从思想上搞明白，在认识上理清楚，到实践中去完善。

政协章程明确规定，“中国人民政治协商会议全国委员会和地方委员会密切联系各方面人士，反映他们及其所联系的群众的意见和要求”；“中国人民政治协商会议全国委员会委员和地方委员会委员要坚持为国履职、为民尽责，密切联系群众，了解和反映他们的愿望和要求”。一方面，加强人民政协反映社情民意、联系群众、服务人民机制建设是一个综合性机制，包含三个子机制，其中反映社情民意是方法途径，联系群众是桥梁纽带，服务人民是根本目的。三者既各有侧重、有所区别，又相互联系、相互赋能，为全面发展协商民主、扎实推进全过程人民民主注入强大动力。另一方面，人民政协联系群众是政协委员联系界别群众的综合概括，政协委员联系界别群众是人民政协联系群众的具体实践，通过各级政协委员联系界别群众，实现人民政协整体联系群众的目标要求，两者是统一的。党的群众工作对象众多、类型多样，需要在党的领导下，人大、政府、政协、群团组织等共同来做，广泛联系各方面群众。作为各党派团体和各族各界代表人士，政协委员由各方面郑重协商产生，代表各界群众参与国是、履行职责，是党联系群众的桥梁和纽带。我们要准确把握政协性质定位，充分发挥委员主体作用，立足实际深化拓展委员联系界别群众制度机制，开展形式多样的联系群众活动，不断拓展联系的广度、深度、频度，更好做到联系一界、团结一片、引领一方。

一是进一步加强党建引领，把牢“联系群众”正确方向。政协联系群众，本质上是党的群众路线在人民政协的具体实践。加强政协党的建设是坚持党对政协工作全面领导的基础工程，是做好政协联系群众工作的根本保障。要始终坚持在党的领导下开展工作，充分发挥政协党组把方向、管大局、保落实的重要作用，健全党组成员同党外委员谈心交流、主席会议成员走访看望委员、委员联系界别群众等制度，把党的领导贯穿履职全过程各方面。加强思想政治引领，鼓励委员从实际出发探索灵活务实的工作方式，通过定期走访、结对联系、座谈交流、线上民情互动等，宣讲阐释习近平新时代中国特色社会主义思想，宣传党和国家方针政策，教育引导群众坚定拥护“两个确立”、坚决做到“两个维护”，不断增进社会各界对党的创新理论的政治认同、思想认同、理论认同、情感认同，坚定不移听党话、跟党走。

二是进一步完善工作制度，推动“联系群众”有力有序。制度带有全局性、稳定性，管根本、管长远。在认真抓好已有制度文件落实的基础上，紧扣不断变化的形势要求推进制度机制集成创新，进一步提高联系群众工作的科学化制度化规范化水平。构建通过协商活动联系群众的制度机制，围绕协商主题开展联系，听取群众意见、增强协商议政实效；构建通过视察考察调研联系群众的制度机制，围绕解决问题开展联系，反映群众诉求、推动问题解决；构建通过谈心交流联系群众的制度机制，围绕凝聚共识开展联系，宣传阐释党和国家大政方针，主动回应界别群众关切。用好政协组织委员、委员带动界别群众的工作链条，倡导每名政协委员联系 1—2 名所在单位、所在党派团体、行业领域的代表人士，帮助有关方面做好引领带动工作。及时总结提炼委员联系界别群众工作的经验做法，形成更多可借鉴、可复制、可推广的制度成果。加强人民政协联系群众理论研究，为有效开展工作提供坚实理论支撑。

三是进一步提升履职能力，促进“联系群众”自发自觉。把委员队伍建设作为重点任务，激励约束并重、服务管理并行，充分调动委员联系界别群众的积极性主动性创造性。完善教育培训机制，有计划地加强委员学习培训、知情明政，帮助委员掌握群众工作方法、提高联系服务群众的意识和本领。深化开展委员读书活动，将读书与联系群众相结合，引导委员多读政治之书、人民之书，不断增强调查研究、联系群众等能力，提高反映民情、建言献策质量。支持政协委员积极参与基层协商，引导委员在协商议事中密切联系群众，在联系群众中助力提高基层协商成效。优化委员服务管理，健全委员履职情况统计制度，记录委员联系界别群众的基本情况，将之作为委员优秀履职表扬的重要内容，进一步激发委员联系界别群众的内生动力。

四是进一步丰富平台载体，拓展“联系群众”广度深度。坚持因地制宜、立足实践所需，创建有效畅通联系群众“最后一公里”的履职平台，更加便捷高效传递党的声音、了解群众诉求、助推解决问题，做到群众在哪里、联系服务就跟进到哪里。按照定位准确、运行有序、活动经常、作用明显的要求，高质量建设委员工作室，突出委员专业特长和资源优势，发挥委员作用，着力打造凝聚共识的渠道、联系界别群众的纽带、服务人民的桥梁。建好用好网络平台，通过数字政协进一步密切与群众联系，畅通群众参与协商议政、反映社情民意等的渠道，推动履职常在线、联系不断线。创新界别活动方式，组织委员积极参加界别调研视察、界别协商、界别座谈会等活动，支持鼓励委员深入了解界别群众意见，以界别名义在政协有关会议上交流讨论、发表意见，促进界别协商深度互动。注重打通外循环，积极推动政协联系群众平台与党群服务中心等基层现有制度化平台的衔接联动，推动信息多源汇聚、深度融合、共享共用，实现优势互补、能量互赋、成果互促，合力提升基层社会治理现代化水平。

（作者：全国政协委员，江苏省政协副主席，
中国人民政协理论研究会常务理事）

坚持党的领导、统一战线、协商民主有机结合

刘佳义

党的二十届三中全会强调，要聚焦发展全过程人民民主，坚持党的领导、人民当家作主、依法治国有机统一，推动人民当家作主制度更加健全。这一科学论断，既是对百年来中国共产党为实现人民民主不懈奋斗的经验总结，也是马克思主义中国化时代化的一个重大创新。回顾人民政协 75 年发展历程，我们可以清晰地看到，一部人民政协的建立、巩固、发展史，就是一部坚持党的领导、统一战线、协商民主有机结合的历史。在中国共产党领导的多党合作和政治协商这一基本政治制度框架下，人民政协坚持党的领导、统一战线、协商民主有机结合，承前启后、一以贯之，是人民政协全部理论和实践始终贯穿的一根红线，也是人民政协制度的本质

特征和内在规定性。

习近平总书记指出："人民政协是中国共产党把马克思列宁主义统一战线理论、政党理论、民主政治理论同中国实际相结合的伟大成果，是中国共产党领导各民主党派、无党派人士、人民团体和各族各界人士在政治制度上进行的伟大创造。"近代中国处于半殖民地半封建社会。由于无产阶级的力量相对弱小，为了实现新民主主义革命的任务，中国共产党创造并坚持了无产阶级与农民阶级、小资产阶级、民族资产阶级的统一战线，为革命取得胜利提供了重要保证。各民主党派、人民团体和无党派人士拥护中国共产党领导，响应中国共产党召开新政协、建立民主联合政府的号召，共同组建了人民政协。人民政协的成立，标志着中国人民不仅在思想上政治上而且在组织上形成了坚强的团结，使统一战线组织与人民民主形式有机地结合在一起，成为我国社会主义政治制度上的重要组成部分。1954 年，全国人民代表大会召开后，人民政协作为中国共产党领导的多党合作和政治协商机构、作为统一战线组织继续发挥着重要作用，在完成社会主义改造、推动各种社会力量为实现国家任务而奋斗、活跃国家政治生活、调整统一战线内部关系、扩大国际交往等方面发挥了重要作用。

在改革开放和社会主义现代化建设新时期，党中央进一步明确了人民政协的性质、任务、主题、职能，推动人民政协性质和作用载入宪法，把中国共产党领导的多党合作和政治协商制度确立为我国的一项基本政治制度。人民政协坚持党的领导、统一战线、协商民主有机结合，努力调动一切积极因素，团结一切可以团结的力量，为推进改革开放和社会主义现代化建设作出了重要贡献。

中国特色社会主义进入新时代，以习近平同志为核心的党中央，坚持把马克思主义基本原理同中国具体实际相结合、同中华优秀传统文化相结合，坚持党的领导、统一战线、协商民主有机结合，推进人民政协制度不断成熟定型。人民政协积极投身实现“两个一百年”奋斗目标、实现中华民族伟大复兴中国梦的伟大实践，为党和国家事业发展凝心聚力，开拓了人民政协工作新局面。

经过 75 年的奋斗实践，人民政协积累了宝贵经验，为做好新时代人民政协工作确立了重要原则。

——**必须始终坚持中国共产党的领导。**坚持党的领导、统一战线、协商民主有机结合，最根本的是坚持党的领导。早在新民主主义革命时期，毛泽东同志就总结中国革命实践，明确指出：“没有中国共产党的坚强的领导，任何革命统一战线也是不能胜利的。”坚持中国共产党的领导是各民主党派、各团体、各民族、各阶层、各界人士在内的全体中国人民的共同选择，是成立政协时的初心所在，是人民政协事业发展进步的根本保证。面对当今世界错综复杂的国际国内形势，习近平总书记强调：“做好新形势下统战工作，必须掌握规律、坚持原则、讲究方法，最根本的是要坚持党的领导。”只有坚持中国共产党的领导，才能保证统一战线和人民政协事业发展沿着正确的政治方向，走向中国式现代化幸福的明天。

——**必须始终坚持大团结大联合。**统一战线是中国共产党的重要法宝，大团结大联合是统一战线永恒的主题。历史上，中国共产党为了实现自己的奋斗目标，同一切可以团结的力量结成政治同盟，先后建立过民主联合阵线、工农民主统一战线、抗日民族统一战线、人民民主统一战线、爱国统一战线，夺取了革命、建设、改革事业的胜利。在这个过程中，通过协商形成共识、凝聚智慧和力量，一直是中国共产党制胜的重要法宝。人民政协因团结而生，因团结而兴。在75年后的今天，在同心共筑中国梦、携手奋进新时代的新长征路上，我们将不忘初心、牢记使命，继续团结各党派团体、各族各界人士，高举爱国主义、社会主义旗帜，同心同德、共襄盛举。

——**必须始终坚持发扬社会主义民主。**协商民主是实现党的领导的重要方式，是发展壮大爱国统一战线的重要方式。发展协商民主，能够广泛听取和吸收各方面的意见和建议，广泛凝聚共识，真正体现党的路线方针政策来自人民、服务人民，促进科学决策、民主决策。同时，通过深度协商互动，使广大人民群众了解党的路线方针政策，从而增强对中国共产党的情感认同，提升接受党的主张的政治自觉，自觉拥护党的领导。人民政协作为协商民主的重要渠道和专门协商机构，坚持发扬民主和增进团结相互贯通、建言资政和凝聚共识双向发力，丰富民主形式，畅通民主渠道，有效组织各党派团体、各族各界人士共商国是，推动实现广泛有效的人民民主，把各界群众紧紧团结在党的周围，有效实现党的领导，壮大爱国统一战线。

——*必须始终坚持围绕中心大局履职尽责*。紧紧围绕党和国家的中心任务开展工作，自觉服从和服务于党和国家事业大局，是人民政协始终坚持的工作原则。人民政协围绕中心大局履职尽责，是坚持党的领导、统一战线、协商民主有机结合的具体实践。从另一个角度说，正是坚持党的领导、统一战线、协商民主有机结合的原则，人民政协在建立新中国、建设新中国、探索改革路、实现中国梦的伟大实践中作出了历史性的贡献。习近平总书记在中央政协工作会议上深刻阐明了它们之间的关系，“人民政协在协商中促进广泛团结、推进多党合作、实践人民民主，既秉承历史传统，又反映时代特征，充分体现了我国社会主义民主有事多商量、遇事多商量、做事多商量的特点和优势”。人民政协要发挥好这些特点优势，在服务中心大局中坚持“三个有机结合”，以“三个有机结合”推进人民政协事业。

一个时代有一个时代的主题，一个时代有一个时代的使命。在新时代新征程，统一战线和人民政协工作面临新情况新问题，必须坚持党的领导、统一战线、协商民主有机结合，积极探索三者有机结合的方式途径，把人民政协制度坚持好，把统一战线的优势发挥好。要在落实党的全面领导中推进三者有机结合，把党的领导贯穿到协商议政、民主监督、凝聚共识等各项工作之中，把党的主张转化为社会各界的广泛共识和自觉行动，确保党中央决策部署在人民政协得到全面贯彻。要在为中国式现代化目标任务献计出力中推进三者有机结合，发挥人民政协专门协商机构作用，拓展议政建言深度，提高民主监督实效，更好服务党和国家目标任务，助推决策部署贯彻落实。要在致力于画好最大同心圆中推进三者有机结合，发扬人民政协统一战线组织的优势，增强团结联谊、谈心交流等工作实效，深入开展委员联系界别群众工作和委员履职“服务为民”活动，协助党和政府做好宣传政策、解疑释惑、凝心聚力、促进团结的工作，彰显政协组织和政协委员的时代风采！

（作者：中国人民政协理论研究会原副会长）

发挥专门协商机构优势作用
更好践行全过程人民民主

葛慧君

党的二十届三中全会从党和国家事业发展全局的战略高度，对健全全过程人民民主制度体系作出部署，强调发挥人民政协作为专门协商机构作用，健全深度协商互动、意见充分表达、广泛凝聚共识的机制，这是对人民政协工作提出的新的更高要求，为我们指明了前进方向。今年是人民政协成立75周年，我们要抓住这一重要契机，从理论与实践的结合上，从发展政协协商民主与践行全过程人民民主的贯通中，总结经验、深化研究、把握规律，推动协商民主广泛多层制度化发展。

一、准确把握政协作为专门协商机构的功能优势，助力全过程人民民主广泛落实、规范运行

习近平总书记指出："我们走的是一条中国特色社会主义政治发展道路，人民民主是一种全过程的民主。"协商民主是中国社会主义民主政治中独特的、独有的、独到的民主形式，与全过程人民民主逻辑上高度关联。人民政协正是以实行协商民主为特点开展工作的，在发展全过程人民民主中发挥着重要作用。

契合全过程人民民主内在要求。党的领导、统一战线、协商民主，三者目标一致、本质一体，辩证统一于全过程人民民主实践，也是人民政协践行全过程人民民主的根本遵循和优势所在。一方面，政协协商是在党的领导下进行的，通过加强与党委和政府工作的有效衔接，特别是在议题提出、知情明政、成果转化落实等环节，更多强化党委的统筹、规划、协调、督导作用，能够有效扩大协商活动的权威性和影响力。另一方面，人民政协作为统一战线组织，实行"大团结、大统一、囊括一切代表人物"的方针，以界别为基本构成单位，这样的组织构成有利于广纳群言、广谋良策、广聚共识，助力国家治理体系和治理能力现代化，这本身就是发展全过程人民民主的应有之义。

彰显全过程人民民主价值旨归。人民政协一头连着党政机关，一头连着各界别群众，政协协商本身就是依靠协商来

体现和实现群众利益的过程，在联系群众、团结群众、服务群众等方面具有独特优势。作为政治参与的平台，政协集协商、监督、参与、合作于一体，拥有完整的协商民主制度程序和参与实践，保证人民群众广泛持续深入参与国家事务和社会公共事务的管理。作为利益表达的桥梁，政协通过提交提案、视察调研、反映社情民意、大会发言等形式，把大量分散于各界别、各阶层、各群体的意见，系统、综合、直接地反映给党委政府，使决策更好反映群众心声。作为凝聚共识的渠道，政协通过广泛而充分的协商求同存异、聚同化异，既着力增进一致性，又尊重包容多样性，能够更好地把党的主张、国家意志、人民意愿紧密融合在一起，达成决策和工作的最大共识。

提升全过程人民民主实践效能。人民政协作为具有中国特色的制度安排，是各党派团体和各族各界人士发扬民主、参与国是、团结合作的重要平台，在充实民主过程、完善民主环节、提升民主质量方面发挥着重要作用。比如，政协协商领域广泛，涵盖国家治理体系方方面面，人才荟萃、智力密集，具有跨领域、多学科的集成优势，有利于服务科学决策。比如，政协民主监督是一种聚识性、建设性、包容性的协商式监督，注重平等协商的民主精神、精准对路的真知灼见、以理服人的方式方法，具有“在协商中监督、在监督中协商”的特点，协助党和政府更好解决问题、改进工作、增进团结、凝心聚力，有利于推动政策落实。比如，政协通过在协商形式、内容、机制等方面与基层协商有效衔接，把具有普遍性或基层难以解决的事项纳入政协协商议题，有利于助力基层治理。

二、不断优化发挥专门协商机构作用的实践路径，推动全过程人民民主发展

《中共中央关于进一步全面深化改革、推进中国式现代化的决定》(以下简称《决定》)强调“健全协商民主机制”，对协商民主的制度化、规范化、程序化建设提出了新的要求，也为我们在实践中更好提升政协协商质效、践行全过程人民民主，提出了新的课题。

完善政协协商民主体系。构建程序合理、环节完整的政协协商民主体系，是人民政协实践全过程人民民主的必然要求。协商形式上要更加规范有序，不同类型、不同层级的协商活动，基于定位、人员、规模上的区别，在协商议题的设置上应各有侧重。协商方式上要更加开放多样，要融入信息化趋势，全面推行网络议政，深入开展远程协商，增强政协协商的开放度和实效性。协商程序上要更加合理完备，把“深度协商互动、意见充分表达、广泛凝聚共识”的理念贯穿协商工作全过程，进一步完善从选定议题、制定计划、开展调研、组织协商到推进落实、考核评价的全链条协商程序，保证政协协商科学有效运转。

健全制度化协商平台。全会《决定》提到多种制度化协商平台，政协协商平台运行时间久、组织化程度高，担负着重要的责任和使命。要规范化推进，加强协商平台顶层设计，丰富应用场景，把牢协商平台建设正确方向，引导协商活动更加经常、协商组织日益规范、协商质量明显提升。要数字化赋能，通过流程优化、平台再造，推进数字政协建设，探索面对面沟通、线上线下融合、场内场外互动，打破时空限制，让委员履职实现思想在线、建言在线、联系不断线。要协同化运作，以协商平台为牵引，以上率下、以点带面指导基层政协及时跟进，串起各级政协之间的工作链、履职链。要品牌化打造，总结更多富有时代特征、体现政协特色、具有地方特点的鲜活经验，讲述“众人的事情由众人商量”的生动故事，打造叫得响的协商品牌，增强辨识度，提升影响力。

完善委员联系界别群众制度机制。联系群众，重在解决“怎么联系”的问题。要靠主体作用，扎实推进委员履职“服务为民”活动，引导政协委员“身”入基层、“心”系群众，多做雪中送炭、扶贫济困的工作，多做春风化雨、解疑释惑的工作，多做理顺情绪、化解矛盾的工作，在“走基层送服务”中惠民生、促发展。要靠组织引导，适应新时代经济社会快速发展、群众利益诉求日益多元的新形势，进一步优化界别设置，增强界别代表性，通过健全联系指导机制，坚持分散与集中相结合，使个人作用和集体优势相辅相成，提升联系界别群众成效。要靠方法艺术，搭建好下沉基层、开放联系的平台，开展灵活、多样、小微的活动，畅通到达群众身边的“最后一公里”，把联系界别群众工作进一步做深做实。

厚植协商文化。政协工作说到底是做人的工作，离不开与之相适应的协商文化来内化濡染、感化支撑。要涵养公正理性、求真务实、平等互信、开放包容的协商文化，嵌入顶层设计，浸入环境氛围，融入履职实践，把协商文化所倡导的思想理念、价值追求、思维方式，转化为政协委员“为国履职、为民尽责”的内在自觉和实际行动。

三、坚持和加强党的全面领导，为人民政协践行全过程人民民主提供根本保证

党的领导是人民政协事业发展的“定海神针”，所有工作只有坚持在党的领导下来谋划、推进和落实，人民政协实践全过程人民民主，才能始终沿着正确方向前进。

加强思想政治引领。把握“团结教育引导”这一基本方法，抓牢“代表人士”这个关键人群，坚持用党的创新理论凝心铸魂，引领政协委员和界别群众深入学习贯彻习近平新时代中国特色社会主义思想，进一步完善谈心交流、走访看望委员、党员委员联系党外委员等制度，与委员常见面、深交流、真交心，不断增进政治认同、思想认同、理论认同、情感认同，更好巩固坚定拥护“两个确立”、坚决做到“两个维护”的共同思想政治基础。

健全政协党的组织体系。健全组织网络，结合政协组织构成和工作原则，发挥好政协党组在政协工作中把方向、管大局、保落实的领导作用，持续深化机关党组、专委会分党组建设，增强基层党组织政治功能，构建上下贯通、权责清晰、执行有力的组织体系，全链条压紧压实党建责任。延展党建触角，探索建立临时党支部等，健全完善联系无党派人士界、宗教界委员机制，推动党员委员规范参加双重组织生活，使党的工作延伸到政协履职“神经末梢”。

以高质量党建引领高质量履职。以党建管方向，严格执行重大事项请示报告、政协党组定期向党委专题汇报工作以及党委会同政府、政协制定年度协商计划等制度机制，把党的领导贯穿到协商议政、民主监督、凝聚共识和自身建设等各方面。以党建带队伍，发挥党员委员示范引领作用，引导党员委员在政治引领、发扬民主、合作共事、廉洁奉公等方面带好头、作表率，以过硬本领和优良作风团结影响人，凝聚带动全体委员更好履职尽责。以党建促工作，把党建工作流程嵌入业务工作链条，一体谋划、一体部署、一体推进，将重要党建任务、重点协商活动、重大协商课题、专项民主监督议题同步纳入政协党组工作要点，找准履行职能的方向、主题、角度、落点，以高质量党建更好激发政协履职之能、释放政协协商之效。

（作者：中国人民政协理论研究会副会长，
全国政协委员，山东省政协主席）

加快建设海南自由贸易港
助力建设更高水平开放型经济新体制

李荣灿

党的十八大以来，以习近平同志为核心的党中央坚定不移扩大对外开放，建设更高水平开放型经济新体制，形成更大范围、更宽领域、更深层次对外开放新格局，不断拓展中国式现代化发展空间，开创了我国对外开放的崭新局面。支持海南逐步探索、稳步推进中国特色自由贸易港建设，是习近平总书记亲自谋划、亲自部署、亲自推动的改革开放重大举措，成为新时代我国推动外向型经济发展和制度型开放的重要标志。党的二十届三中全会对完善高水平对外开放体制机制作出重大改革部署，并明确提出“加快建设海南自由贸易港”的重大改革任务，我们要深入学习领会、抓好贯彻落实。

一、建设更高水平开放型经济新体制，是进一步全面深化改革、推进中国式现代化的本质要求

新时代以来，我国开放型经济新体制建设取得了全面进步，有力促进了经济实现高质量发展。贸易强国建设迈出坚实步伐，货物贸易规模连续7年保持世界第一，服务贸易规模位居世界前列，数字贸易快速增长，双向投资大国地位日益巩固，利用外资结构持续优化，对外投资合作平稳发展，多双边和区域经贸合作取得一系列丰硕成果。实践充分证明，开放是中国发展的关键一招、是实现国家繁荣富强的根本出路。党的二十届三中全会提出“推进高水平对外开放”、“建设更高水平开放型经济新体制”，这是以习近平同志为核心的党中央统筹国内国际两个大局，着眼中国式现代化建设全局作出的重大战略部署。

（一）建设更高水平开放型经济新体制是推进中国式现代化的必然要求。开放是中国式现代化的鲜明标识。实现人类历史上规模最大、难度最大的现代化，要求高水平开放与深层次改革协调互促，形成系统合力，为中国式现代化开辟发展空间和提供强大动力。建设更高水平开放型经济新体制，是我们主动作为以开放促改革、促发展的战略举措，有助于进一步破除体制机制障碍，变外部压力为内生动力，使“引进来”与“走出去”更好结合，加强与改革协同高效、系统集成，激发市场活力，建设开放型现代化

经济强国。

（二）建设更高水平开放型经济新体制是构建新发展格局的必然要求。新发展格局不是封闭的国内循环，而是更加开放的国内国际双循环，更加需要坚定不移扩大开放，推动由商品和要素流动型开放向规则、规制、管理、标准等制度型开放转变。建设更高水平开放型经济新体制，有助于使国内国际市场更好联通，通过发挥内需潜力吸引全球资源要素，提高全球资源配置能力；也有助于通过强化开放合作培育国际合作和竞争新优势，更加紧密地同世界经济联系互动，提升国内大循环的效率和水平，争取开放发展中的战略主动。

（三）建设更高水平开放型经济新体制是推动经济高质量发展的必然要求。当前，我国经济运行延续回升向好态势，但仍面临一些困难挑战，特别是国内有效需求不足的问题比较突出，企业生产经营压力较大。通过建设更高水平开放型经济新体制，有助于更好利用全球资源和市场，解决消费升级的供给问题，解决发展不平衡不充分的问题，增强经济发展内生动力，更大力度拓展国际经济技术交流与合作，推动我国经济转型升级，增强创新能力，加快实现新旧动能转换，更好完成高质量发展这一全面建设社会主义现代化国家的首要任务。

二、海南自由贸易港建设，为对标世界最高水平开放形态、建设更高水平开放型经济新体制探索了新路

自由贸易港是当今世界最高水平的开放形态。海南作为我国最大的经济特区和唯一的热带岛屿省份，地处太平洋和印度洋海上航道要冲和我国改革开放前沿，开放功能和作用突出，地理环境和区位优势得天独厚，建设海南自由贸易港对构建更高水平开放型经济新体制、推动形成我国全面开放新格局具有重要意义。2018 年以来，习近平总书记三次到海南考察，殷切期望海南成为新时代中国改革开放的示范，为海南自由贸易港建设指明前进方向、擘画美好蓝图。六年来，海南始终牢记以习近平同志为核心的党中央赋予的重大使命，坚持以高水平开放服务国家战略大局，蹄疾步稳推动自贸港建设成型起势。

一是改革开放综合试验平台作用凸显。深层次谋划推动跨部门、跨行业、跨领域系统性制度集成创新，总结形成了 17 批 146 项制度（集成）创新案例，其中 11 项被国务院向全国复制推广，7 项受到全国通报表扬。**二是自贸港政策体系不断完善。**“零关税”清单、企业和个人 15% 所得税、加工增值30% 内销免关税等自贸港政策文件相继落地实施，多功能自由贸易账户（EF 账户）正式上线。**三是高水平产业开放体系深入构建。**充分发挥气候温度、海洋深度、地理纬度、生态绿色“三度一色”优势，大力发展旅游业、现代

服务业、高新技术产业、热带特色高效农业“四大主导产业”，培育发展南繁种业、深海科技、商业航天“三大未来产业”，努力打造新质生产力重要实践地。**四是经济外向度显著提升。**2023年，实际使用外资227.1亿元，对外直接投资38.8亿美元，经济外向度达到36.7%；六年来，新设外资企业数量年均增长65%，全省进出口值年均增长22.2%，是全国增速最快省份。**五是封关运作准备全面铺开。**全力落实任务、项目、压力测试“三张清单”，2024年将全面完成封关软硬件建设，同步进行全方位、全流程压力测试，确保如期顺利封关运作。

通过六年来的探索实践，我们深刻体会到，建设更高水平开放型经济新体制，要始终坚持正确政治方向，海南自由贸易港既要具备自由贸易港的基本要素，更要充分体现中国特色，坚持党的领导，坚持社会主义制度；要以制度型开放为着力点，把制度集成创新摆在突出位置，解放思想、敢闯敢试、大胆创新，破除体制机制障碍；要以现代化产业体系为支撑，集聚全球资源要素，打造具有国际竞争力的开放型生态型服务型产业体系，以高水平开放促进高质量发展；要以增进民生福祉为目的，坚持在开放发展中保障和改善民生，通过推动更高水平对外开放，着力解决人民群众所需所急所盼；要以提升开放监管能力为保障，构筑与更高水平开放相匹配的监管和风险防控体系，在“管得住”的基础上“放得开”。

三、充分发挥海南自由贸易港改革开放综合试验平台作用，为建设更高水平开放型经济新体制作出海南贡献

加快自由贸易试验区、自由贸易港等对外开放高地建设，是建设更高水平开放型经济新体制的重点任务和重要抓手。贯彻落实党的二十届三中全会精神，海南应当立足新征程新起点，充分发挥改革开放综合试验平台作用，着力构建具有全球竞争力的开放政策和制度体系，打造引领新时代我国对外开放的重要门户。

第一，**稳步扩大制度型开放**。主动对接国际高标准经贸规则，对标全面与进步跨太平洋伙伴关系协定（CPTPP）、数字经济伙伴关系协定（DEPA）开展“边境后”规则先行先试，建立同国际通行规则衔接的合规机制，努力打造稳定透明可预期的政策环境。以创新驱动加快在规则、规制、管理、标准等制度型开放上的衔接步伐，力争在绿色低碳、服务业开放、知识产权保护、跨境资金流动、执业资格互认、跨境数据流动等领域取得更多突破。

第二，**深化贸易投资自由化便利化改革**。深化外贸体制改革，加快建立贸易自由便利政策制度体系，推动优化加工增值内销免关税、海南自由贸易港跨境服务贸易负面清单等贸易政策，推动出台实施海南自由贸易港征税商品目录、禁止限制进出口货物物品清单、海关监管办法等政策措施，不断减少贸易壁垒。深化外商投资和对外投资管理体制改革，

合理缩减海南自贸港外商投资准入负面清单，优化外商投资环境。高标准建设国际贸易“单一窗口”，鼓励发展离岸新型国际贸易，培育数字加工贸易、游戏出海、卫星数据服务等数字贸易特色场景，加快促进数字化新场景在贸易领域的深度应用。

第三，促进要素跨境自由有序安全便捷流动。支持将符合条件的企业纳入跨境贸易高水平开放政策优质企业名单，便利更多经营主体合规办理跨境贸易业务。支持境外机构通过合格境外有限合伙人（QFLP）方式投资自贸港内企业。完善多功能自由贸易账户（EF）体系，支持开展跨境资产管理等业务创新，逐步实现跨境资金自由便利流动。扩大海南免签政策的国家范围，拓展入境渠道，逐步延长免签停留时间，促进人员进出自由便利。进一步发挥“中国洋浦港”船籍港、保税航油等政策叠加优势，吸引更多国内外船舶注册洋浦港，鼓励国内航空公司利用双边协定，鼓励外国航空公司积极利用开放海南第五、第七航权政策，开辟国际航线。建立健全数据跨境流动的安全管理制度体系。

第四，打造国内国际双循环重要交汇点。加强区域产业深度融合，吸引跨国公司和国际机构落户，打造中国企业走向国际市场的总部基地和境外企业进入中国市场的总部基地。持续优化离岛免税商品清单，用足用好博鳌乐城医疗旅游先行区特殊政策，高质量建设国际教育创新岛，更大力度吸引境外消费回流。构建西部陆海新通道国际航运枢纽和面向太平洋、印度洋的航空区域门户枢纽，空海国际交通网络和国际经贸合作网络，提升航空运输与自由贸易港经济产业发展耦合度，加快推进洋浦港国际枢纽海港建设，不断完善国际航线布局，形成紧密联通全球的海运网络。充分利用博鳌亚洲论坛年会、中国国际消费品博览会等重大平台，加强同共建“一带一路”国家和地区的务实合作。

（作者：全国政协委员，海南省政协主席）

健全社会力量参与公共文化服务机制 提高文化产品和文化服务供给能力

欧阳坚

党的二十届三中全会审议通过的《中共中央关于进一步全面深化改革、推进中国式现代化的决定》（以下简称《决定》），是新时代进一步全面深化改革、推进中国式现代化的宏伟蓝图和行动指南，充分体现了以习近平同志为核心的党中央完善和发展中国特色社会主义制度的历史主动和坚定决心。《决定》中明确提出要深化文化体制机制改革，为下一步改革指明了方向，明确了任务，是建设社会主义文化强国、提升国家文化软实力和中华文化影响力的行动指南和根本遵循。

我们党一贯高度重视文化改革发展。党的十六大正式拉开了全面推进文化体制改革的序幕。党的十八届三中全会强调提出要推进文化体制机制创新，进一步深化文化体制改革，构建现代公共文化服务体系，促进基本公共文化服务标准化、均等化。推动公共文化服务社会化发展，鼓励社会力量、社会资本参与公共文化服务体系建设。2014 年，习近平总书记指出，要把现代公共文化服务体系建设作为一项民心工程，坚持政府主导、社会参与、共建共享；2015 年，习近平总书记又强调，要建立健全政府向社会力量购买公共文化服务机制。习近平总书记的重要论述和党中央的决策部署为社会力量参与公共文化服务提供了根本遵循。经过多年的实践，我国文化产业得到快速发展，基本公共文化服务体系建设卓有成效，为人民群众提供优质文化产品、高效公共服务的能力和水平明显增强。

但也要看到，随着经济社会快速发展，人民群众多样化、个性化、区域化文化需求日益增强，对公共文化服务能力和水平提出了新的要求。同时，优质文化资源、产品和服务在城乡之间、地域之间还有较大差距。正是基于上述问题，党的二十届三中全会《决定》中提出要通过改革，优化文化服务和文化产品供给机制。在公共文化服务领域，一项重点任务就是要健全社会力量参与公共文化服务机制，通过有效举措，引导调动更多的社会力量参与到公共文化服务中来。

动员社会力量参与公共文化服务，一是有助于发现和遵循群众的文化需求，是有效满足群众多样化、个性化文化需求的必然选择；二是有助于把优质文化资源配置到基层，是拓展公共文化服务空间的有效途径；三是有助于实现资源共建、共用、共享，是降低公共文化服务成本、提高公共文化服务效率的有效方式；四是有助于吸引社会文化资源进入，是拓展资金渠道、扩大公共文化服务人才队伍的有效办法。因此，健全社会力量参与公共文化服务机制，对于提升公共文化服务能力和水平，更好地满足群众高水平文化需求，都具有重要意义。

通过学习领会党的二十届三中全会精神，特别是全会《决定》的改革部署，我们要结合当前文化发展的新趋势和面临的新任务，推动社会力量更多更好参与公共文化服务。

完善社会力量参与公共文化服务的配套体系。要进一步细化实化社会力量参与公共文化服务的配套政策和相关法规，抓紧制定专项指导意见，明确社会力量参与公共文化服务的内容、方式和途径，明晰政府和社会力量各方的权责边界，建立健全社会力量参与公共文化服务的准入和退出标准、考核约束和表彰激励规则，使社会力量参与公共文化服务有章可循，提高工作实施中的规范性和可操作性。要建立配套的资金保障制度，鼓励各级财政设立社会力量参与公共文化服务专项扶持资金，主要用于以奖代补、政府采购、志愿者补助等。要完善文化志愿服务机制，加强文化志愿服务制度化、规范化、专业化建设，完善志愿者准入、组织、管理、激励、退出等机制，建立星级文化志愿者认证制度；通过先进宣传、荣誉表彰、补助奖励等方式，增强文化志愿服务吸引力。从而，激励和引导更多社会力量自愿积极地参与公共文化服务。

进一步深化文化事业单位内部改革。要通过改革，推动文化事业单位拓展职能。一方面要进一步加强面向基层群众创作、生产和供给优质文化产品能力；另一方面要增强面向社会对群众性文化活动的指导、帮扶和服务职能，成为公共文化活动的辅导者组织者。这既可以实现“财政少花钱、单位少出人”，又能做成更多群众满意的实事好事。另外，要推进公共文化设施所有权和使用权分置改革，进一步推动文化等事业单位所属的公共场所和设施向全社会开放，为各种公益的文艺体育等活动提供便利，做到少收费，甚至不收费，以此最大限度地盘活公共资源，降低活动成本、提高服务效率。

建立和完善优质文化资源直达基层的机制。在鼓励引导社会力量参与公共文化服务的过程中，要把产品下沉、服务下沉，让基层群众能够共享文化发展繁荣的成果，尽快缩小公共文化服务在城乡、区域之间的差距。要把推动社会力量参与文化工作重心放在乡镇、城市社区，特别是革命老区、民族地区、边疆地区和脱贫地区，借助实施乡村振兴战略、城市更新行动、“一刻钟便民生活圈”等建设契机，加强乡镇、社区公共文化空间建设，补齐基层公共文化设施短板。要加大对社会力量参与革命老区、民族地区、边疆地区和脱贫地区公共文化服务体系建设的扶持力度，推动政府购买公共文化服务资金更多向这些地区倾斜。同时，要切实增加面向基层群众和特殊群体提供优质文化公共产品的工作力度。

创新对各类群众性文化活动的引导、扶持和组织机制。在群众文化活动的组织过程中，要尊重群众的自主创造性和多样化需求，扩大群众的参与度，让群众在自我服务、自我组织中变被动参与为主动参与，以此提升他们的满意度和获得感。对群众积极参与自发组织，又能积极向上、效果良好的文化活动，要通过以奖代补等方式给予扶持，对参与服务作出贡献的企业、社团和个人要予以表彰。同时也要发挥政府的监管职责，加强对群众文化活动的引导和把关，对重大文化活动的内容事前要审核、事中要监督，确保活动健康有益、文明合规。要为社会机构和群众组织的公益性文化活动和场地设施的投入，提供必要补贴和税收减免，以撬动社会资源和民间力量更加主动、自愿地参与到群众文化活动中来。

总之，党的二十届三中全会为我们健全和优化文化服务与文化产品供给机制，健全社会力量参与公共文化服务机制指明了方向，提供了路径。我们要深刻学习领会全会精神，加强调查研究，遵循经济、社会和文化发展规律，细化实化具体举措，切实使党中央重大决策部署落地见效，实现公共文化服务高质量发展，真正让人民群众在口袋“鼓”起来的同时，心情也“乐”起来。

（作者：中国人民政协理论研究会副会长，

全国政协委员、文化文史和学习委员会副主任）

以党的二十届三中全会精神为指引
进一步深化新时代养老服务领域改革

唐承沛

实现现代化是我们党百余年来孜孜以求的奋斗目标。党的二十届三中全会奏响了继续坚定不移推进改革的时代强音，为推进中国式现代化制定了行动方案，具有重要里程碑意义。“一老一幼”是大多数家庭的主要关切。要学深悟透习近平总书记关于全面深化改革的一系列新思想、新观点、新论断，领会好全会关于深化新时代养老服务领域改革的相关部署，推动全会精神落地落实。

一、深刻领会坚持以人民为中心进一步全面深化改革

党的二十届三中全会审议通过的《中共中央关于进一步

全面深化改革、推进中国式现代化的决定》（以下简称《决定》），通篇贯彻以人民为中心的发展思想，彰显了党的性质宗旨和初心使命。

一是坚持改革为了人民，始终把人民群众切身利益摆在突出位置。中国式现代化，民生为大。全会顺应人民群众新期待，聚焦人民群众最关心、最直接、最现实的利益问题和急难愁盼问题，进一步改革完善就业、增收、入学、就医、住房、办事、养老托幼等一系列民生领域制度体系，深刻体现出人民至上的价值取向。要把增进人民福祉作为进一步全面深化改革的出发点和落脚点，把人民群众获得感、幸福感、安全感作为检验改革成效的重要标准，多推出民生所急、民心所向的改革举措，在进一步全面深化改革中实现好、维护好、发展好最广大人民的根本利益，真正做到人民有所呼、改革有所应。

二是坚持改革依靠人民，始终尊重人民群众主体地位。《决定》注重凝聚民心、汇集民智，既通过落实民生举措赢得广大人民群众支持与拥护，又尊重人民群众首创精神，把来自群众和基层的智慧与创新实践，借鉴吸收到推进国家治理体系和治理能力现代化中，充分发挥人民参与中国式现代化建设的积极性、主动性和创造性。要尊重人民群众的主体地位，走好新时代群众路线，关注民情、尊重民意，了解群众所思所想所盼，问计于民、群策群力，鼓励基层先行先试，总结推广改革创新经验，依靠人民把深化改革各项工作不断引向深入。

三是坚持改革成果由人民共享，始终在发展中保障和改善民生。在发展中保障和改善民生，是中国式现代化的重大任务。让改革发展成果更多更公平惠及全体人民，不断满足人民日益增长的美好生活需要，是进一步全面深化改革的根本目的。《决定》坚持尽力而为、量力而行，提出一系列重大改革举措，着力加强普惠性、兜底性、基础性民生建设，切实增进民生福祉，推动实现共同富裕。要深刻认识中国式现代化是全体人民共同富裕的现代化这一特征，把为党赢得民心、争取民意的政治担当，转化为全面深化改革、增进民生福祉的务实举措，切实增强进一步深化改革的政治自觉、思想自觉、行动自觉。

二、牢牢把握全会关于养老服务领域改革的重要部署

《决定》对积极应对人口老龄化作出重要部署，其中直接涉及养老服务的改革举措很多，针对性、指导性和可操作性很强，在历届中央全会研究部署改革的文件中，是部署最全面、内容最丰富、措施最具体的一次，充分体现了以习近平同志为核心的党中央深厚的爱民为老情怀。概括起来就是：一个重大观点、一项工作重点和四方面改革着力点。

“一个重大观点”，就是在人口高质量发展中推进养老服务领域改革。《决定》提出以应对人口老龄化、少子化为

重点完善人口发展战略，把深化养老服务领域改革作为健全人口发展支持和服务体系的一项重要内容，独立成段作出部署，体现出积极应对人口老龄化、深化养老服务领域改革在以人口高质量发展支撑中国式现代化中的重要地位和作用。要把握好养老服务领域改革与促进人口高质量发展的关系，立足中国式现代化建设的现实需要和实践进程，自觉在促进人口高质量发展大局中，推动养老服务事业改革创新发展。

“一项工作重点”，就是“积极应对人口老龄化，完善发展养老事业和养老产业政策机制”。健全完善中国特色养老服务体系，让广大老年人享受可感、可及、可享的养老服务，是积极应对人口老龄化国家战略的基本要求和迫切需要。完善发展养老事业和养老产业政策机制，推动事业产业协同发展，是中国特色养老服务体系的重要支撑。要锚定党中央确定的到 2035 年中国特色养老服务体系成熟定型目标任务，着力完善养老事业和养老产业协同发展的政策机制，推动构建分级分类、普惠可及、覆盖城乡、持续发展的养老服务体系。

“四方面改革着力点”：一是发展银发经济。当前，养老服务市场需求持续增长，市场潜力不断释放。发展银发经济，有利于扩大养老产品供给，满足老年人多样化、高品质养老服务需求，有利于培育经济发展新动能，促进养老服务消费，推动有效市场和有为政府更好结合，是积极应对老龄化融入高质量发展大局的体现。创造适合老年人的多样化、个性化就业岗位是发展银发经济的应有之义和重要内涵，能够促进老年人社会参与，深入挖掘老年人口人力资源潜力，实现“老有所养”和“老有所为”有效结合。二是优化基本养老服务供给。基本养老服务在实现“老有所养”中处于基础性、关键性地位，能够有效稳定人民群众养老预期，是实施积极应对人口老龄化国家战略、健全完善中国特色养老服务体系的重要任务。《决定》立足于老年人口规模巨大的基本国情，围绕优化基本养老服务供给，从培育社区养老服务机构、改革公办养老机构、引导社会力量参与、发展互助性养老、促进医养结合等方面作出具体安排，坚持兜底线、保基本，促进多元供给，凝聚各方合力，推动养老服务资源下沉、服务延伸，向老年人身边、床边、周边集聚，满足老年人本乡本土、相亲相熟、就近就便、可走可留的养老愿望，推动实现广大老年人享有方便可及的基本养老服务。三是加快补齐农村养老服务短板。我国农村养老服务设施机构相对落后，养老服务下乡难、可及性不高，人口流失、生育率低等问题交织，农村老龄化形势更严峻，养老服务供需矛盾更突出、短板更突显。实现城乡养老服务均衡发展，必须下大力气补短板、强弱项，因地制宜加大农村养老服务供给，促进城乡养老服务融合发展，满足农村广大老年人养老服务需求。四是改善特殊困难老年人的养老服务。特殊困难群体是党和政府兜底保障的重点对象，是落实基本民生保障职责的内在要求，集中体现了社会主义制度优越性和深化改革的价值取向，必须切实兜牢兜实特殊困难老年人的基本养老服务需求。长期护理保险是提升特殊困难老年人养老服务能力的必要补充，为失能老年人的生活护理、康复护理提供资金或服务保障，是解决失能老年人长期照护“钱从哪里来”的重要制度安排。要加强长期护理保险与社会福利、社会救助制度的衔接，健全完善多层次养老服务保障体系。

三、加快健全完善中国特色养老服务体系

我国人口老龄化具有自身的特殊性。未来老年人口数量达到4亿、5亿时间节点与全面建成社会主义现代化强国“两步走”战略时间安排高度重合，积极应对人口老龄化将伴随中国式现代化建设全过程。要立足我国老龄人口禀赋，发挥社会主义制度优势，加快健全完善中国特色养老服务体系，切实服务中国式现代化建设。

一是坚持党对深化养老服务领域改革的全面领导。把贯彻落实习近平总书记重要指示批示精神，摆在深化养老服务改革发展的首要位置，贯穿健全完善养老服务体系全过程各方面。坚持党委领导、政府主导、社会参与、全民行动相结合，统筹推进新时代养老服务改革发展。推动各级政府把养老服务体系建设纳入经济社会发展规划和重要议事日程，纳入急需补齐的民生事业短板范畴，协调推动解决养老服务改革发展中的重大问题。

二是加强整体性改革谋划。健全完善各级养老服务网络，形成县级综合指导、乡镇（街道）区域联动、村（社区）就近就便的服务支持体系，促进县域养老服务资源合理配置、高效利用。推进公办养老机构改革，完善建设、运营和管理体制，强化要素保障，实现公办养老机构服务资源提质扩容、均衡布局和高效利用。积极发挥全国老龄办统筹协调作用，强化各部门协同联动，鼓励和引导企业、社会组织等社会力量发挥积极作用。

三是优化养老服务供给格局。不断增强基本养老服务供给能力，加快健全完善覆盖全体老年人、权责清晰、保障适度、可持续的基本养老服务体系。建设全国统一的养老服务信息平台，促进基本养老服务供需高效衔接。健全完善居家社区养老服务体系，进一步优化以居家为基础、社区为依托、机构为专业支撑、医养相结合的养老服务供给格局，引导各类养老服务资源流向居家社区养老。创新农村养老服务发展体制机制，增强农村养老服务发展内生动力，健全完善县域统筹、城乡协调、符合乡情的农村养老服务体系。

四是强化养老服务要素保障。促进优化养老服务事权划分，完善养老服务设施规划，加快老年宜居环境建设。加强部门间沟通协调，推动落实好各项扶持政策。促进“银发经济”发展，培育发展专业化、品牌化、连锁化养老服务企业和机构，充分发挥市场在养老服务资源配置中的积极作用。发展养老服务新质生产力。创新完善养老服务人才评价机制，着力打造一支规模适度、结构合理、德技兼备的养老服务人才队伍，为健全完善中国特色养老服务体系提供有力保障。

（作者：全国政协常委，民政部副部长）

香港、澳门在国家对外开放中可以也必将更好发挥作用

邓中华

习近平总书记强调："在新时代国家改革开放进程中，香港、澳门仍然具有特殊地位和独特优势，仍然可以发挥不可替代的作用。"党的二十届三中全会通过的《中共中央关于进一步全面深化改革、推进中国式现代化的决定》着眼完善高水平对外开放体制机制，明确提出要"发挥'一国两制'制度优势，巩固提升香港国际金融、航运、贸易中心地位，支持香港、澳门打造国际高端人才集聚高地，健全香港、澳门在国家对外开放中更好发挥作用机制"。改革开放 40 多年来，香港、澳门为国家经济建设和对外开放发挥了重要作用，作出了突出贡献。当前和今后一个时期是以中国式现代化全面推进强国建设、民族复兴伟业的关键时期。在这一重

要历史进程中，香港、澳门可以也必将在国家对外开放中更好发挥作用。具体而言，至少包括以下六个方面。

一、香港作为国际金融中心，可以继续为国家经济建设发挥重要的金融支持作用

改革开放以来，我国累计吸引外资超过2万亿美元，其中来自香港的投资约为1万亿美元，占外资总额50%。在香港企业直接投资内地的同时，内地企业也通过赴港上市的方式在香港融资。目前在港上市的内地企业1400余家，占香港上市公司总数超过50%，市值接近25万亿港元，占港股总市值78%。除吸收香港直接投资和内地企业在香港市场融资外，内地企业和居民还通过“沪港通”“深港通”“债券通”“跨境理财通”等互联互通机制，投资香港金融市场，实现投资国际化、多元化。

经过几十年的发展，我国经济已具备坚实的基础、超大的规模和雄厚的财力。新时代推进经济高质量发展，我们仍然需要引入外资，同时也需要投资境外，布局海外资本市场。香港过去是、未来仍将是内地吸收外资和对外投资的战略平台和重要市场。香港股票、债券市场规模庞大，国际化程度高，市场流动性强，监管制度严，获得国际投资者高度认可。我们要继续用好香港金融市场在国家经济建设特别是投融资方面的作用，做大做强香港证券市场，鼓励香港吸引更

多境外主权基金投资香港、更多境外企业来港上市，支持、便利内地企业赴港上市，丰富内地企业、居民投资香港证券市场的工具，为国家经济高质量发展提供更多更好的金融支持，为建设更高水平开放型金融新体制探索新路径、实践新做法。

二、香港作为全球最大的离岸人民币业务中心，其做大做强离岸人民币业务，将为推进人民币国际化积累经验和实力

香港是全球离岸人民币业务的最大市场和主要枢纽。2009 年开始，香港开展跨境人民币结算试点工作，随后逐步扩大离岸人民币市场业务，为人民币国际化进行了有益的探索。目前大约 50% 的离岸人民币交易、60% 的离岸人民币存款、70% 的离岸人民币支付清算、80% 的人民币“点心债”在香港市场完成。截至 2024 年 4 月，香港人民币存款总额 10882 亿元，跨境贸易结算人民币汇款总额 12570 亿元。

我们要进一步推进香港离岸人民币中心建设，为人民币国际化积累更多的经验和更强的实力。一是提升香港离岸人民币市场的流动性。建立健全内地货币金融市场与香港离岸人民币市场的连接通道，使人民币有序、可控地输送到香港离岸人民币市场。二是提升香港离岸人民币市场的收益性。根据市场需求强化离岸人民币金融产品开发，增加产品供

给，提高产品收益，吸引更多客户进入香港离岸人民币市场。三是及时总结香港离岸人民币中心建设经验，加快相关标准、规则制定，积极布局海外离岸人民币中心建设，逐步形成以香港为枢纽、全球统一、有效联通的离岸人民币市场体系。

三、香港作为贸易中心，与世界各国有着广泛的联系，可以助力内地企业拓展更加多元的国际市场

改革开放初期的1978年，我国对外贸易总额为206亿美元，贸易伙伴主要为苏联、东欧和亚洲的社会主义国家以及少数第三世界国家。2023年，我国的对外贸易总额已高达582万亿美元，是1978年的280多倍，贸易伙伴覆盖全球。2023年，香港的对外贸易总额88223亿港元（约113万亿美元），其贸易伙伴数不及内地。但是，香港在助力内地企业扩大对外贸易规模、拓展贸易市场、丰富贸易内容等方面仍具有重要作用。一是香港是单独关税区和自由港，香港在与部分贸易伙伴开展贸易时享有一些有别于内地的待遇和便利，内地企业可以通过香港充分利用这些待遇和便利与有关贸易伙伴开展贸易。二是香港不实行外汇管制，港币与美元挂钩并自由兑换，为贸易结算提供稳定、快捷的金融服务。三是香港有10万多家贸易公司和36万多名贸易从业人员，贸易专业化程度高，贸易网络遍布全球，商业信息获取快捷，

为贸易活动提供优质的人力资源和及时的信息保障。

我们要继续高度重视香港在国际贸易中的重要性，充分利用香港的优势和特点，助推我国进一步拓展国际贸易市场、扩大贸易规模、提升贸易质量。一是支持香港以单独关税区身份尽早加入 RCEP、CPTPP 等国际高标准自贸协定，支持香港与更多国家和国际组织签署双多边自贸协定和投资保护协定。二是支持香港加入 DEPA，发展数字贸易，在大数据领域国际组织提升话语权。三是支持香港拓展中东、中亚、非洲等新兴外贸市场，扩大与“一带一路”合作伙伴在贸易及投资、创新科技、基建等方面的合作，助力国家构建主动有利的国际大循环新格局。

四、香港作为国际航运中心，在推动我国海洋运输业整体发展、提升航运企业管理水平、发展航运相关产业、参与全球航运规则制定等方面将发挥积极作用

香港作为国际航运中心，曾连续多年位居集装箱吞吐量世界第一。近年来，受全球贸易形势、码头用地不足以及内地港口崛起等因素的影响，香港航运中心的排名有所后移。但是，香港作为我国沿海港口群中的重要一员，在我国航运整体布局中占据着重要位置。统筹谋划好包括香港在内的我国港口集群，有助于提升我国港口及航运业的整体实力。香港拥有完善的港口设施、发达的物流网络、先进的港口管理

系统和高效的货物处理能力，通过相互借鉴学习，内地和香港的港口和航企管理能力和水平可以进一步提升。香港在长期从事海洋运输过程中，发展了船舶融资租赁、海运保险、海事仲裁等业务，这些都为内地航运业高质量发展提供着有益的参考和借鉴。此外，香港航运业在遵循国际海事组织等制定的国际航运规则和标准的基础上，根据本地实际情况探索形成了一些新的经验和做法。这些经验与做法在我国参与国际航运规则和标准的制定、修订中将发挥积极作用。

五、香港、澳门具备吸引高端人才的条件和优势，可以为延揽国家建设所需的高端人才发挥重要作用

香港、澳门在延揽高端人才方面具有雄厚的条件和独特的优势：香港在世界排名前 100 名大学中占有 5 所，澳门占有 1 所；香港有 16 家国家重点实验室和 6 个国家工程技术研究中心香港分中心，澳门有 4 个国家重点实验室；InnoHK（创新香港）平台还吸引了全球 30 多所顶级大学在香港设立研发实验室。这些大学和实验室为高端人才提供了大量的就业岗位和创新平台。目前，已有一批享誉全球的科学家，包括多位诺贝尔奖、图灵奖获得者和 40 多位中科院、工程院院士，在港澳相关机构工作。同时，港澳的科研、教育体制与发达国家高度接轨，外籍专家学者来港澳从事科研、教学工作没有太大的制度和语言的差别，较易适应新的

环境并尽快进入工作状态。另外，港澳均为自由港，人员、货物出入境以及通讯联络和数据访问非常方便，高薪资和低税率以及港币、澳门元可自由兑换对高端人才也具有吸引力。我们要充分利用并继续做强港澳在延揽高端人才方面所具备的条件和优势，在港澳设立更多国家急需的重点实验室和研发机构，招聘更多高端人才来港澳从事科研教学工作，把港澳打造成我国国际高端人才集聚高地。

六、香港、澳门具有独特的法律制度和优秀的法律人才，可以为国家更高水平对外开放和涉外法治建设贡献力量

香港在国际法律服务和争议解决方面具有得天独厚的制度优势、平台优势和人才优势。一是香港具有中西合璧、内联外通的独具特色的法律制度。香港实行普通法制度，且允许外地律师甚至外籍法官参与司法活动。香港司法独立并享有终审权，仲裁制度高度接轨国际，并且具有较完备的与外国和内地相互认可执行民商事判决和仲裁裁决的司法协助制度。二是香港拥有国际知名的争议解决机构和法律机构，包括“香港国际仲裁中心”、“中国国际经济贸易仲裁委员会”、“国际调解院”（筹建中）等世界级争议解决机构和海牙国际私法会议亚太办事处等国际知名法律机构。三是香港云集了世界法律精英，本地律所多达 922 家，有 11370 名执业律师和 1667 名执业大律师，世界排名前 30 的

律师事务所均在香港设有机构，拥有超过1000名能够从事跨境调解、仲裁的法律人才。执业大律师中有超过十分之一考取粤港澳大湾区执业资格，可以横跨普通法和大陆法系处理案件。澳门法律属于大陆法系，但与香港一样，也具有许多优势和特点。要进一步宣传香港、澳门在法律领域的优势和特点，引导鼓励内地企业开展国际经贸活动时，选用港澳作为争议解决地，聘用港澳律师提供法律服务，更好维护我国企业海外合法权益；建立健全港澳法律从业人员参与内地涉外仲裁、调解案件的制度安排；推荐更多港澳法律精英到国际机构任职，鼓励港澳法律人士积极参与涉外法治建设，为国家更高水平对外开放发挥独特作用、作出积极贡献。

当前，香港进入从由乱到治走向由治及兴的新阶段，澳门站在健康稳定发展的新起点。香港、澳门特区政府和港澳居民正聚精会神谋发展，更加主动融入国家发展大局，更加积极参与粤港澳大湾区建设，与内地携手推进前海、南沙、横琴、河套等重大合作平台发展。香港、澳门一定会充分发挥自身的优势和特点，为推进中国式现代化，为国家对外开放更好发挥作用，发挥更大作用。

（作者：全国政协委员、港澳台侨委员会副主任）

构建支持全面创新体制机制 着力推动经济高质量发展

燕　瑛

党的十八大以来，以习近平同志为核心的党中央高度重视全面创新，围绕推进全面创新，实施了一系列重大战略，作出了一系列重大部署，取得了一系列重要突破，形成了一系列重要成果。截至目前，我国建成了世界上规模最大的教育体系，全社会研发经费支出居世界第二位，研发人员总量居世界首位，基础研究和原始创新不断加强，已经成功进入创新型国家行列。同时，全面创新也面临着基础研究相对薄弱、市场激励不充分、能力体系不健全、制度落实不充分等问题。对此，党的二十届三中全会对进一步全面深化改革作出系统部署，强调构建支持全面创新体制机制，统筹推进教育科技人才体制机制一体改革，健全新型举国体制，提升国家创新体系整体效能。

一、深刻领会构建支持全面创新体制机制的重要意义

构建支持全面创新体制机制，是实现中国式现代化的关键之举。党的十八大以来，习近平总书记始终把科技创新摆在国家发展全局的核心位置，强调“中国式现代化关键在科技现代化”“能不能如期全面建成社会主义现代化强国，关键看科技自立自强”。当前和今后一个时期，是以中国式现代化全面推进强国建设、民族复兴伟业的关键时期，国际国内形势纷繁复杂，新一轮科技革命和产业变革加速推进，发展机遇和风险挑战并存。我们必须坚持党的领导、坚持系统观念、坚持集成创新，坚决破除束缚科技创新的思想观念和体制机制障碍，着力构建支持全面创新体制机制的长效体系，才能做到各领域改革相互补充、密切配合、协同高效，才能加快实现中国式现代化的宏伟目标。

构建支持全面创新体制机制，是培育和发展新质生产力的重要保障。习近平总书记指出，生产关系必须与生产力发展要求相适应。当前，以人工智能、大数据、区块链、云计算和物联网等为代表的新兴技术蓬勃兴起，战略性新兴产业与未来产业不断发展壮大，新产品、新市场和新组织方式不断拓展，培育和发展高科技、高效能、高质量的新质生产力刻不容缓。这就要求我们必须坚持“科技是第一生产力”，

以改革驱动科技创新，赋能新质生产力发展，通过关键性颠覆性技术突破产生先进生产力，实现全要素生产率的大幅提升。

构建支持全面创新体制机制，是进一步全面深化改革的必然要求。如果把科技创新比作我国发展的新引擎，那么改革就是触发这个新引擎必不可少的点火系统。当前，我国进一步全面深化改革已经进入深水区和攻坚期，全面创新体制机制还存在短板，有些改革举措落实还不到位，整体创新效率亟需提高。党的二十届三中全会提出的进一步全面深化改革的系列新部署新要求，充分体现了以习近平同志为核心的党中央对创新本质和发展规律的深刻洞察。实践证明，只有进一步全面深化改革，构建支持全面创新体制机制，才能提升国家创新体系整体效能。

二、坚决落实好构建支持全面创新体制机制的各项任务

（一）牢牢把握教育和人才是经济高质量发展的根本条件。教育兴则国家兴，教育强则国家强。建设教育强国是全面建成社会主义现代化强国的战略先导，是实现高水平科技自立自强的重要支撑。习近平总书记指出："从教育大国到教育强国是一个系统性跃升和质变，必须以改革创新为动力。"党的十八大以来，党中央坚持把教育作为国之大计、

党之大计，作出了加快教育现代化、建设教育强国的重大决策，推动新时代教育事业取得历史性成就、发生格局性变化。2023 年我国的教育强国指数居全球第 23 位，比 2012 年上升 26 位，是进步最快的国家。

建设教育强国，基点在基础教育。基础教育搞得越扎实，教育强国步伐就越稳、后劲就越足。在社会层面，要在全社会树立科学的人才观、成才观、教育观，加快扭转教育功利化倾向，形成健康的教育环境和生态。在政府层面，要因地制宜推进学前教育普及普惠，推动义务教育优质均衡发展。在学校层面，不仅要夯实学生的知识基础，也要激发学生崇尚科学、探索未知的兴趣，培养探索性、创新性思维模式。最终，建设全民终身学习的学习型社会、学习型大国，促进人人皆学、处处能学、时时可学，不断提高国民受教育程度，全面提升人力资源开发水平，促进个人的全面发展。

创新驱动本质上是人才驱动。当前，我国人才培养与科技创新供需不匹配的结构性矛盾比较突出。我国对人才数量、质量、结构的需求是全方位的，满足这样庞大的人才需求必须主要依靠自己培养，提高人才供给自主可控能力。要深化教育评价改革，构建多元主体参与、符合我国实际、具有世界水平的教育评价体系，引导教育更好聚焦立德树人根本任务。要进一步加强科学教育、工程教育，加强拔尖创新人才自主培养，为解决我国关键核心技术攻关提供人才支撑。要大力加强基础学科、新兴学科、交叉学科建设，瞄准世界科技前沿和国家重大战略需求推进科研创新，不断提升原始创新能力和人才培养质量。要统筹职业教育、高等教育、继续教育，推进职普融通、产教融合、科教融汇，源源不断培养高素质技术技能人才、大国工匠、能工巧匠。要系统分析各领域人才发展趋势及缺口状况，根据科学技术发展态势，聚焦国家重大战略需求，动态调整优化高等教育学科设置，有的放矢培养国家战略人才和急需紧缺人才，提升教育对高质量发展的支撑力、贡献力。

（二）牢牢把握科技创新是经济高质量发展的第一动力。习近平总书记指出："要全面推进体制机制创新，提高资源配置效率效能，推动资源向优质企业和产品集中，推动创新要素自由流动和聚集，使创新成为高质量发展的强大动能。"经济高质量发展具备高效增长、绿色增长、可持续增长与和谐增长等突出特征，必然高度依赖科技创新的驱动力和最新成果。

加快实施创新驱动发展战略，就是要坚持市场"无形之手"与政府"有形之手"同向发力，加快破除一切制约创新的思想障碍和制度藩篱，全方位激发全社会创新活力和创造潜能。要强化全要素保障，高效率促进科技创新供需适配。对科技创新的要素保障不能"大水漫灌"，要加快推动形成需求牵引供给、供给创造需求的高质量动态平衡。要高水平营造科技创新的社会环境，旗帜鲜明倡导尊重科技工作者、尊重创新，把科技评价、创新人才和创新成果评选，与加强政策扶持激励紧密结合起来，充分激发广大科技工作者的创新热情。要用好我国超大规模市场优势，完善“政产学研”利益共享和风险共担机制，发挥市场对研发方向、路线选择、资源配置的导向作用，为各类技术提供丰富应用场景，让多条技术路线竞争成长，筛选出最具发展优势、最终脱颖而出的新技术新产品新业态。

要加大创新驱动保护力度，对初创期的科创企业，建立技术创新扶持机制，依托龙头企业培育未来产业链，建设先进技术体系，通过围绕产业链部署创新链的方式，助力科创企业突破发展瓶颈，实现更好发展。要加大创新落地保护力度，建立科创企业及其科技创新产品的认证和保险制度，强化全国统一大市场下的标准互认和要素互通，开发支持科创企业科技创新的应用场景。要加大创新保护力度，完善政府资助的评审体系，对科创企业领导人及其创始团队的技术背景、管理能力、社会影响力等进行全面评估。

（三）牢牢把握科学统筹优化是经济高质量发展的必然路径。习近平总书记指出：“要发挥我国社会主义制度能够集中力量办大事的显著优势，强化党和国家对重大科技创新的领导。”全面推动经济高质量发展是一个复杂的社会系统工程，需要依靠新型举国体制，更好统筹基础研究和关键核心技术攻关，统筹产业发展与供应链创新。

要统筹基础研究和关键核心技术攻关的协同推进。一方面，基础研究的长期稳定开展离不开政府作用的充分发挥，要进一步提升政府、企业、院校及其他科研机构的独立研究和联合攻关能力，建好用好国家重点实验室、国家科学中心、创新中心等各类创新平台，打破基础研究创新壁垒，推动基础研究相关创新体系的形成和完善。另一方面，坚持问题导向，打好关键核心技术攻坚战。锚定关键共性技术、前沿引领技术、现代工程技术、颠覆性技术为重要创新突破口，实现产业链、创新链延长和完善。同时，推动各种所有制经济优势互补、共同发展，鼓励民营企业参与和牵头实施重大科技专项，加快形成以企业为主体、市场为导向、产学研用深度融合的技术创新体系。

要统筹产业发展和供应链创新的协同实施。一方面，在加快改造提升传统产业的基础上，积极培育壮大新兴产业。发挥数字技术串联和赋能作用，推动互联网、大数据、人工智能同产业深度融合，加速数字产业化和产业数字化，加强企业自主研发创新与协同创新，利用数字技术对传统产业进行全方位、全链条的改造，释放叠加倍增效应。另一方面，抓紧打造自主可控的产业链供应链。健全强化集成电路、工业母机、医疗装备、仪器仪表、基础软件、工业软件、先进材料等重点产业链发展体制机制，全链条推进技术攻关、成果应用。完善产业在国内梯度有序转移的协作机制，推动转出地和承接地利益共享。

（作者：中国人民政协理论研究会常务理事，全国政协常委，全国工商联副主席，北京市政协副主席、市工商联主席）

坚持以人民为中心
推动进一步全面深化改革行稳致远

雷　杰

习近平总书记深刻指出，改革发展必须坚持以人民为中心，把人民对美好生活的向往作为我们的奋斗目标，依靠人民创造历史伟业。党的二十届三中全会紧紧围绕推进中国式现代化主题擘画进一步全面深化改革战略举措，人民群众关心什么、期盼什么，改革就抓住什么、推进什么，把人民的智慧和力量凝聚到推进中国式现代化这一伟大事业中来。坚持以人民为中心蕴含着洞察历史、分析时代的根本立场和基本理念，是我们进一步全面深化改革的重要遵循。人民政协作为推进全面深化改革的重要力量，必须积极践行人民政协为人民理念，为改革发展凝聚智慧力量。

一、坚持以人民为中心体现了我们党谋划和推进改革的价值取向

党的二十届三中全会通过的《中共中央关于进一步全面深化改革、推进中国式现代化的决定》（以下简称《决定》），坚持人民至上，从人民整体利益、根本利益、长远利益出发谋划和推进改革，彰显了我们党全心全意为人民服务的根本宗旨，充分体现了习近平新时代中国特色社会主义思想的世界观和方法论。

（一）从历史逻辑来看，以人民为中心是新时代全面深化改革的宝贵经验。改革开放是当代中国最显著的特征、最壮丽的气象。40多年来，我们党坚持以人民为中心，始终把实现好、维护好、发展好最广大人民根本利益作为发展的根本目的。特别是党的十八大以来，全面深化改革取得历史性成就，许多领域实现历史性变革、系统性重塑、整体性重构，都是为了把人民对美好生活的向往不断变成现实。实践充分证明，坚持人民至上谋划和推进改革，使改革更好对接发展所需、基层所盼、民心所向，进一步全面深化改革就拥有最坚实的依托、最强大的底气、最澎湃的动力。

（二）从理论逻辑来看，以人民为中心是马克思主义政党的显著标志。习近平总书记关于全面深化改革的重要论述，闪耀着马克思主义真理光辉，贯穿其中的一条主线就是坚持以人民为中心的价值追求。马克思主义唯物史观告诉我

们，人民群众是社会变革的决定力量，在推动历史发展过程中起着决定性作用。坚持以人民为中心，不仅体现了社会发展过程的“合规律性”，而且体现了社会发展趋向的“合目的性”，这是马克思主义在改革领域的具体运用，全面深化改革的各个阶段、整个过程，都必须体现这个立场、践行这个立场。

（三）从实践逻辑来看，以人民为中心是进一步全面深化改革的重要原则。党的十八大以来，以习近平同志为核心的党中央坚持以人民为中心全面深化改革，注重推进收入分配、充分就业、社会保障、医药卫生等民生领域改革，让现代化建设成果更多更公平惠及全体人民。党的二十届三中全会总结实践经验，提出了“六个坚持”重大原则，“坚持以人民为中心”正是其中重要一条。将人民群众的具体利益诉求、急难愁盼等问题都纳入改革方案中，推出了完善收入分配制度、完善就业优先政策、健全社会保障体系、深化医药卫生体制改革等一系列重大改革举措，努力以实绩实效和人民群众满意度检验改革成果。

二、深刻理解坚持以人民为中心进一步全面深化改革的实践路径

习近平总书记深刻指出，为了人民而改革，改革才有意义；依靠人民而改革，改革才有动力。进一步全面深化改革、

推进中国式现代化，必须做到改革为了人民、改革依靠人民、改革成果由人民共享。

（一）进一步全面深化改革，必须尊重人民主体地位和首创精神。习近平总书记深刻指出，没有人民支持和参与，任何改革都不可能取得成功。如果没有中国人民敢为人先、勇于创新的精神，就不会有家庭联产承包责任制的推广、深圳经济特区的建立、集体林权制度的改革，等等。进一步全面深化改革，要坚持顶层设计与尊重民意紧密结合，尊重人民所表达的意愿、所创造的经验、所拥有的权利，发挥群众的积极性主动性创造性，真正让人民成为改革的参与者和受益者，为进一步全面深化改革提供源源不断的动力。

（二）进一步全面深化改革，必须走好新时代党的群众路线。全会《决定》强调，“走好新时代党的群众路线，把社会期盼、群众智慧、专家意见、基层经验充分吸收到改革设计中来”。把以人民为中心贯穿进一步全面深化改革各方面全过程，就要走好新时代党的群众路线，善于通过提出和贯彻正确的路线方针政策带领人民前进，善于从群众的实践创造和发展要求中完善政策主张，善于从群众中寻找解决问题的方案和办法，使我们作出的决策和决策的执行充分体现民心民意。

（三）进一步全面深化改革，必须发展全过程人民民主。全过程人民民主是真正适合中国国情的民主形式。健全民主制度，丰富民主形式，拓宽民主渠道，确保人民享有广泛而真实的民主权利，将为进一步全面深化改革提供坚实的制度保障。协商民主是实践全过程人民民主的重要形式，要推进协商民主广泛多层制度化发展，坚持“有事好商量，众人的事情由众人商量”，将协商民主制度优势转化为国家治理实际效能，为改革发展厚植民意基础与社会基础。

（四）进一步全面深化改革，必须坚持改革成果由人民共享。习近平总书记提出“两个是否”的标准，要求“把是否促进经济社会发展、是否给人民群众带来实实在在的获得感，作为改革成效的评价标准”。全会《决定》明确高质量发展是首要任务，把“蛋糕”做大，同时也注重把“蛋糕”分好。经济发展是改善民生的基础和前提，改善民生是经济发展的目的和动力，必须将两者有机结合起来、实现良性循环，逐步实现全体人民共同富裕，充分彰显社会主义的优越性。

三、坚持人民政协为人民，为改革发展凝聚智慧力量

人民政协的发展历史，是一部站稳人民立场、践行群众路线、履职服务为民的历史。进入新时代，习近平总书记把“坚持人民政协为人民”总结为党的十八大以来人民政协工作的一条重要经验。进一步全面深化改革，人民政协必须深入贯彻落实党的二十届三中全会精神，加强专门协商机构制度化、程序化、规范化等功能建设，为改革发展彰显政协作

为，为服务民生贡献政协力量。

（一）发挥专门协商机构作用，健全深度协商互动、意见充分表达、广泛凝聚共识的机制。习近平总书记强调，人民政协要把不断满足人民对美好生活的需要、促进民生改善作为重要着力点。人民政协必须充分发挥专门协商机构作用，通过协商履职扩大群众政治参与、拓宽意见表达渠道、增进改革发展共识。近年来，济南市政协坚持为民、务实、开放理念，创建“商量”制度化协商平台，邀请政协委员、党派团体、群众代表和党政部门就民生实事深入调研、深度协商、增进共识，目前已在各界别、各区县和街镇常态化开展，围绕养老服务体系、婴幼儿照护、社区改造、乡村振兴等议题开展了 200 多场“商量”，在为民履职方面作出了实践探索。贯彻落实全会部署要求，必须围绕新时代进一步全面深化改革新任务开展深度协商议政，更加聚焦助力党委政府增进民生福祉，坚持发扬民主和增进团结相互贯通、建言资政和凝聚共识双向发力，广泛凝聚人心和力量。

（二）发挥桥梁纽带作用，加强人民政协反映社情民意、联系群众、服务人民机制建设。习近平总书记强调，人民政协要提高联系群众能力，发挥好桥梁纽带作用。人民政协是党委政府联系各界群众的桥梁纽带，在畅通群众利益诉求表达渠道中具有独特优势。近年来，济南市政协充分发挥桥梁纽带作用，建立跨专委会、跨界别的调研机制，深入 177 家委员企业开展“服务委员企业 助力强省会建设”专题调研活动，了解经营情况、反映问题建议、宣讲惠企政策，不断畅通企业与党政部门沟通的桥梁，推动了企业供需信息对接、用地性质变更等30余个具体问题的解决。新征程上，人民政协要努力践行全过程人民民主，在反映民情、引导民意、服务民生上下功夫，保障群众利益诉求通过政协制度化渠道有序充分表达，使每次履职活动都成为从人民关注问题出发，到依靠人民助推问题解决，再到让人民群众共享协商成果的良性循环过程。

（三）发挥协商式监督作用，完善人民政协民主监督机制。习近平总书记强调，人民政协要积极围绕贯彻落实党和国家重要决策部署情况开展民主监督。人民政协民主监督是以提出意见、批评、建议的方式进行协商式监督，监督目的是协助党和政府解决问题、改进工作、增进团结、凝心聚力。近年来，济南市政协每年度都制定民主监督计划，将民主监督与各项履职工作一体谋划一体落实，围绕“泉水直饮”“雨污分流”等民生工程务实开展协商式监督；市委、市政府、市政协办公厅联合印发政协政治协商成果督办落实办法，助力协商成果转化。进一步全面深化改革，要求人民政协完善民主监督机制，边调研边收集发现问题、边协商边协调解决问题、边监督边建言献策，在推动党政决策部署贯彻落实上展现更大作为，在提升人民群众的获得感、幸福感、安全感中彰显改革的价值。

（作者：全国政协委员，山东省济南市政协主席）

以高水平安全保障高质量发展有力服务中国式现代化

孙青野

习近平总书记在党的二十届三中全会上深刻指出："国家安全是中国式现代化行稳致远的重要基础。"党的二十届三中全会通过的《中共中央关于进一步全面深化改革、推进中国式现代化的决定》（以下简称《决定》）明确提出："必须全面贯彻总体国家安全观，完善维护国家安全体制机制，实现高质量发展和高水平安全良性互动，切实保障国家长治久安。"这些重要论述，沉淀着大国领袖对大国兴衰历史经验的深刻总结，科学揭示了发展与安全的辩证关系，是对党中央治国理政规律的深入把握，为进一步全面深化改革、推动中国式现代化指明了前进方向、提供了重要遵循。

一、深刻把握高质量发展与高水平安全的良性互动关系

安全是发展的前提，发展是安全的保障，发展与安全相辅相成、不可偏废，统一于坚持和发展中国特色社会主义的伟大实践。《决定》将“聚焦建设更高水平平安中国”作为进一步全面深化改革总目标的重要组成部分，明确要求“健全国家安全体系，强化一体化国家战略体系，增强维护国家安全能力，创新社会治理体制机制和手段，有效构建新安全格局”。新时代新征程，统筹发展与安全，根本是要坚持高质量发展和高水平安全良性互动，以高质量发展促进高水平安全，以高水平安全保障高质量发展，推动发展和安全动态平衡、相得益彰。

一方面，要准确把握以高质量发展促进高水平安全。发展是安全的基础，不发展是最大的不安全。高质量发展是更高质量、更有效率、更加公平、更可持续、更为安全的发展，是体现新发展理念的发展。当前，世界百年变局加速演进，世界之变、时代之变、历史之变正以前所未有的方式展开。必须始终坚持高质量发展这一新时代的硬道理，提高发展质量、加快发展速度，不断壮大我国经济实力、科技实力、综合国力，进一步增强维护和塑造国家安全的能力，始终把以中国式现代化推进强国建设、民族复兴伟业的战略主动权牢牢掌握在自己手中。另一方面，要准确把握以高水平安全保

障高质量发展。习近平总书记强调:“国家安全是头等大事。”安全是发展的条件，没有安全，高质量发展就无从谈起。当前，我们面临的国家安全问题的复杂程度、艰巨程度明显加大，需要应对的风险挑战、需要解决的矛盾问题比以往任何时候都更加错综复杂。必须始终坚定战略自信，保持战略清醒，时刻牢记抓好高质量发展这个首要任务和国家安全这个头等大事，牢固树立安全发展理念，主动塑造于我有利的外部安全环境，推动发展和安全深度融合，守牢安全发展底线。

二、推进国家安全体系和能力现代化，着力塑造高水平安全格局

维护和塑造高水平安全，关键是要打造现代化的国家安全体系和能力。《决定》对此作出专章部署，要求健全国家安全体系，完善公共安全治理机制，健全社会治理体系，完善涉外国家安全机制。这些重要内容与党的二十大战略部署有机统一，是国家安全战略的最新丰富和发展，为实现高水平安全、推动高质量发展指明了方向、提供了指引。国家安全体系和能力现代化作为推动中国式现代化行稳致远的重要保障，是应对“世界之变”的客观需要，是走好“复兴之路”的必然选择，是推进“中国之治”的题中之义，是满足“人民之需”的内在要求。我们要进一步增强历史主动，扛起责任担当，坚决贯彻落实以习近平同志为核心的党中央的战略

部署，以体系和能力现代化，着力塑造高水平安全格局。

坚持党对国家安全工作的绝对领导。这是推进国家安全体系和能力现代化的最高原则和根本保证。实践充分证明，正是因为有了习近平总书记作为党中央的核心、全党的核心领航掌舵，维护国家安全才有了最可靠的主心骨。推进国家安全体系和能力现代化，要始终突出党对国家安全工作的绝对领导，坚持党中央对国家安全工作的集中统一领导，坚定不移走中国特色国家安全道路，不断健全完善集中统一、高效权威的国家安全领导体制，坚定不移贯彻中央国安委主席负责制，强化国家安全工作协调机制，全面落实国家安全责任制，不折不扣把党中央关于国家安全工作的各项决策部署落到实处。

坚持总体国家安全观。总体国家安全观是新时代国家安全工作的根本遵循和行动指南，是习近平新时代中国特色社会主义思想的重要组成部分，具有突出的战略性、严谨的系统性、领域的全面性、思想的先进性、生动的实践性。以总体国家安全观为指导推进国家安全体系和能力现代化，才能牢牢把握新时代维护国家安全的正确方向、科学路径和中国特色，实现对重大国家安全问题的前瞻性思考、全局性谋划、战略性布局、整体性推进，确保国家安全体系和能力现代化始终与国家治理体系和治理能力现代化相协调，确保牢牢掌握维护国家安全的战略性、全局性主动。

坚持系统思维，务实全面推进。推进国家安全体系和能力现代化是一项系统工程。要在总体国家安全的大逻辑、大框架下，以政治安全为根本，统筹推进各领域安全工作。按照党的二十届三中全会部署，重点是要健全国家安全体系、完善公共安全治理机制、健全社会治理体系、完善涉外国家安全机制，推动各方面制度有机衔接、系统集成，构建全域联动、立体高效的国家安全防护体系。面对当前复杂外部环境，特别要突出完善涉外国家安全机制，建立健全周边安全工作协调机制；强化海外利益和投资风险预警、防控、保护体制机制，深化安全领域国际执法合作，维护我国公民、法人在海外合法权益；健全反制裁、反干涉、反“长臂管辖”机制；健全维护海洋权益机制；完善参与全球安全治理机制。

三、以香港高水平安全保障香港高质量发展，更好服务中国式现代化

党的二十届三中全会吹响了以进一步全面深化改革开启中国式现代化新篇章的奋进号角，为“一国两制”下的香港提供了重要历史机遇。其中，确保香港高质量发展和高水平安全良性互动，是这一历史进程中不可或缺的重要一环。从外部形势看，构建高水平安全是香港筑牢高质量发展屏障的必然要求。香港具有高度开放自由的特点，面对“两个大局”交织激荡、新旧秩序加速重构、地缘冲突不断加深的复杂局势，所面临的国家安全和经济社会发展风险一直真实存

在，对此须臾不可放松警惕。从具体实践看，香港近些年的斗争历程，充分证明安全是发展的重要基础。没有国家安全，香港繁荣稳定就无从谈起，“一国两制”的制度优势也难以充分体现。从发展需要看，确保高水平安全是香港把握改革历史机遇、融入国家发展大局的重要保证。党的二十届三中全会围绕“健全香港、澳门在国家对外开放中更好发挥作用机制”等作出系列重大部署，赋予了香港在进一步全面深化改革全局中更加独特的地位和作用。必须进一步夯实国家安全根基，打造高水平安全环境，在变乱交织的外部环境和国际竞争中，走出一条符合国家需要、具有香港特色的安全发展之路，以香港发展助力民族复兴。

风物长宜放眼量。站在新起点上，香港实现由治及兴，以高水平安全保障高质量发展，必须全面准确、坚定不移贯彻“一国两制”方针。“一国两制”是港澳回归后保持长期繁荣稳定的最佳制度安排。“一国两制”的根本宗旨是维护国家主权、安全、发展利益，保持香港长期繁荣稳定。要牢记根本宗旨，筑牢国家安全，保障香港更好融入国家改革发展大局，全力拼经济、促改革、谋发展。必须持续推动香港维护国家安全法治化建设。深刻认识香港维护国家安全斗争的长期性、艰巨性、复杂性，以习近平法治思想为指引，全面准确实施香港国安法和《维护国家安全条例》，进一步完善实施香港维护国家安全的法律制度和执行机制，以法治的确定性应对各类不确定性风险挑战。必须凝聚香港维护国家安全整体合力。着眼未来，稳步推进香港维护国家安全体系和能力现代化，把保安全、促发展摆在更加突出的位置，以香港新安全格局保障新发展格局，确保金瓯无缺、丹宸永固。

（作者：全国政协委员，中央人民政府
驻香港特别行政区维护国家安全公署副署长）

深刻理解构建支持全面创新体制机制重大意义　加快建设中国特色世界一流大学和优势学科

张广军

党的二十届三中全会通过的《中共中央关于进一步全面深化改革、推进中国式现代化的决定》（以下简称《决定》），对深化教育科技人才体制机制一体改革作出重要部署，并统一于构建支持全面创新体制机制，充分体现了以习近平同志为核心的党中央对创新本质和规律的深刻洞察。高校是教育、科技、人才的集中交汇点，是科技第一生产力、人才第一资源、创新第一动力的重要结合点，构建支持全面创新体制机制，能够有力促进统筹推进科技教育人才一体化发展，加快建设中国特色、世界一流的大学和优势学科。

一、以党的二十届三中全会精神为指引，深刻理解构建支持全面创新体制机制对于高等教育的重大意义

《决定》提出，教育、科技、人才是中国式现代化的基础性、战略性支撑。必须深入实施科教兴国战略、人才强国战略、创新驱动发展战略，统筹推进教育科技人才体制机制一体改革，健全新型举国体制，提升国家创新体系整体效能，这为高等教育明确下一步改革创新提供了指引和遵循。深入学习贯彻党的二十届三中全会精神，把握坚定不移全面深化改革的重大意义，自觉把改革创新摆在高质量发展更加突出位置，是高校当前和今后一个时期的一项重大政治任务。

深刻认识构建支持全面创新体制机制是高校落实好立德树人根本任务、提升人才自主培养质量的必然要求。立德树人是高校教育的根本任务、本质要求，是贯穿教育教学和教育管理的中心环节。通过创新体制机制深化教育综合改革，完善立德树人机制，有利于深入推进大中小学思政课一体化改革创新，推进课程思政和思政课程协同构建，加快形成与德智体美劳全面培养体系相适应的体制机制；有利于进一步强化教育科技人才相互支撑、良性循环，以优化学科设置为抓手，加强基础学科、新兴学科、交叉学科建设和拔尖人才培养，为解决我国关键核心技术攻关提供强大智力支持的高素质、创新型人才群体；有利于进一步优化高等教育布局，支持高校根据科技创新规律和国家战略需求进行有特色

高水平的个性化发展，加快建设中国特色、世界一流的大学和优势学科。

深刻认识构建支持全面创新体制机制是高校瞄准国家战略需求、提升科技自立自强水平的必然要求。构建支持全面创新体制机制，有利于深入推进国家战略科技力量协同创新，进一步发挥高校教育科技人才三位一体优势。高校是基础研究的主力军，打通体制机制的梗阻，才能打好关键核心技术攻坚战，让高校的原创性、颠覆性科技创新成果竞相涌现。这有利于促进产学研深度融合，让科技创新赋能经济社会高质量发展；有利于进一步形成满足科技创新需求的学科设置调整机制和人才培养模式；有利于建立分类评价机制，引导不同类型高校科学定位，推动高校分类特色发展，充分发挥自身优势为高水平科技自立自强提供有力支撑。

深刻认识构建支持全面创新体制机制是破解高校体制机制障碍、提升教育科技人才一体发展的必然要求。构建支持全面创新体制机制，是深入实施科教兴国战略、人才强国战略、创新驱动发展战略的重要保障，有利于破解高校规模、质量、效率之间的结构性问题。通过体制机制创新不断优化学科专业设置、人才培养模式、科学研究导向、人才评价体系，有利于破解教育科技人才一体推进的整体性问题，更加注重将教育、科技、人才工作系统谋划与整合推进，在机制联动、要素流通、资源分配等方面进行协同创新，有效破解原始创新能力不足、关键核心技术“卡脖子”等重点难题；

有利于健全科技创新评价的科学性问题。推进科学、规范、高效、诚信的科技评价体系建设，深化科技成果转化机制改革，赋予科技人员在科技成果转化收益分配上的更大自主权，建立职务科技成果资产单列管理制度，深化职务科技成果赋权改革。

二、以科技创新为牵引，释放创新创造活力，推动新质生产力加快发展

建强国家战略科技力量，筑牢新质生产力发展基石。高水平研究型大学作为重要的国家战略科技力量，是拔尖创新人才培养的主阵地、基础研究的主力军和重大科技突破的策源地。加强战略布局。华中科技大学瞄准国家战略需要，实施“基础研究”“交叉研究”“重大科技创新”三大支持计划。坚持制度创新。学校不断完善科研管理、成果转化、评价激励、科研诚信等机制，科技创新全链覆盖“基础研究、应用基础研究、关键技术突破、产业化项目孵化”。引育科技人才。学校不断健全完善科技发展、国家战略需求牵引的学科调整机制和人才培养模式，努力培养适应并引领新一轮科技革命和产业变革的拔尖创新人才。完善卓越工程师培养机制，加快培养关键核心技术攻关人才。发挥平台优势，建设人才培养特区。促进医工交叉。打造华中科技大学国际医学创新中心、国家重大公共卫生事件医学中心、光电与医疗

装备未来产业科技园等医工交叉创新高地。医工交叉重要成果——心脏不停跳心肌切除器，实现了我国在肥厚型心肌病治疗领域的跨越式发展。

推进产学研用深度融合，增强新质生产力发展动力。高水平研究型大学要以产学研用融合为突破口，深入推进高等教育人才工作体系改革，打通产学研用融合链条，赋能高质量发展。开展校地合作。围绕国家重大发展战略，深度融入地方发展，重点推进武汉“三谷”战略。融入光谷，支撑光电子信息产业集群向万亿级迈进。融入“车谷”，与武汉经开区共建军山校区、未来技术创新研究院（中试基地）。融入“网谷”，与武汉东西湖区共建国家网络安全基地。开展科技成果转化。科技成果转化是培育和发展新质生产力的核心环节。学校联合共建喻越概念验证中心——湖北省首个概念验证中心，推动科技成果从实验室到产业化。推进产业化发展。企业是科技创新的主体，是创新链和产业链结合点。推动未来产业创新发展是高水平研究型大学主动服务创新型国家建设的重要使命，学校先后培育了以华工科技、华中数控、天喻信息、达梦数据库等上市公司为代表的科技创新企业，在光电信息、智能制造、人工智能等产业化发展上作出了积极贡献。

统筹推进科技教育人才一体化发展，畅通新质生产力发展路径。教育、科技与人才的三位一体化发展是推动国家和区域高质量发展的战略抓手。一体推进教育科技人才发展。

构建教育科技人才“三位一体”的领导决策和组织推进机制，通过对组织体制、运行机制、资源配置等方面的系统性改革，打破教育、科技、人才等要素的流通壁垒，促进高质量教育、高素质人才、高水平科创相互贯通协同。持续强化校地校企协同发展双向赋能。学校与东风汽车集团、三峡集团、国家电网、华为等30余家行业龙头企业建立了系统、持久、密切的合作关系。围绕中部地区崛起、长江经济带、粤港澳大湾区等国家区域发展战略，统筹布局，与地方共建10个事业单位法人异地研究院。支持科技型企业和高校建立长期深度合作机制，推动科技创新平台共建、成果共用、利益共享。加大对海外领军人才和青年人才的引进力度。高水平研究型大学要强化“为国引才”使命，引进培养造就一批具有国际水平的战略科技人才、科技领军人才和创新团队。华中科技大学不断加大对海外领军人才和青年人才的引进力度，鼓励青年科技人才“挑大梁”“当主角”，牵头承担国家科技计划，推动重要科研岗位由青年科技人才担任。

新时代新征程上，我们要把思想和行动统一到以习近平同志为核心的党中央决策部署上来，聚焦服务高质量发展这个新时代的硬道理，以更高的使命、更强的担当、更大的力度加快建设中国特色、世界一流的大学和优势学科，为如期建成教育强国、科技强国、人才强国贡献高校力量。

（作者：全国政协委员，华中科技大学党委书记，中国工程院院士）

深刻理解把握以人民为中心的原则

王 伟

以人民为中心，是习近平新时代中国特色社会主义思想的重要内容，贯穿于习近平新时代中国特色社会主义思想的始终。党的二十届三中全会强调，进一步全面深化改革要总结和运用改革开放以来特别是新时代全面深化改革的宝贵经验。坚持以人民为中心是其中一条重要原则。书写好进一步全面深化改革的实践续篇、时代新篇，要准确理解把握坚持以人民为中心的重大意义和深刻内涵，以实际行动把以人民为中心落到实处。

一、充分认识坚持以人民为中心的重大意义

在新时代坚持以人民为中心，不仅具有重大历史意义，而且具有重大现实意义。

坚持马克思主义人民性的本质要求。1842年4月，马克思在《莱茵报》编辑部工作时，提出了人民性的概念。人民性这一根本价值自此成为马克思主义区别于其他理论最耀眼的底色，成为马克思主义永葆生机活力的源泉。马克思主义第一次站在人民的立场探求人类自由解放的道路，以科学的理论为最终建立一个没有压迫、没有剥削、人人平等、人人自由的理想社会指明了方向。我们坚持以人民为中心就是要昭示世人，新时代的中国共产党人始终坚持马克思主义的人民性，坚定地站在人民立场上，一切为了人民，一切依靠人民，始终为人民的利益和幸福而努力奋斗。

践行党的初心使命和根本宗旨的实际体现。我们党的初心和使命是为中国人民谋幸福、为中华民族谋复兴，我们党的根本宗旨是全心全意为人民服务。为了践行党的初心使命、根本宗旨，一代又一代中国共产党人始终代表中国最广大人民的根本利益，付出了艰苦努力、作出了巨大牺牲、取得了辉煌成就。新时代我们党坚持以人民为中心，就是永葆初心本色、牢记根本宗旨的体现，保证了党的理想信念不动摇、性质宗旨不变色、初心使命不偏移、力量源泉不断流。

开创党的十八大以来伟大成就的经验总结。回溯新时代风雨历程，稳经济、促发展，战贫困、建小康，控疫情、抗大灾，应变局、化危机，党和国家事业取得历史性成就、发生历史性变革，推动我国迈上全面建设社会主义现代化国家新征程。在其中每一个阶段、每一个事件背后，都有着千千万万人民群众的身影和力量。正是因为我们党始终坚持以人民为中心，始终相信人民、紧紧依靠人民，才经受住了来自政治、经济、意识形态、自然界等方面的风险挑战考验，一道拼出来、干出来、奋斗出来了新时代的伟大成就。

二、准确理解坚持以人民为中心的深刻内涵

坚持以人民为中心从孕育产生到体系成熟，从“发展思想”到重要原则，一直具有丰富而深刻的思想内涵。作为进一步全面深化改革的原则，其基本内涵主要包括3个方面。

一是改革为了人民进行。习近平总书记强调：“推进任何一项重大改革，都要站在人民立场上把握和处理好涉及改革的重大问题，都要从人民利益出发谋划改革思路、制定改革举措。”站在人民立场、从人民利益出发进一步全面深化改革，才能得到人民的拥护和支持，才能调动人民推进改革的积极性、主动性和创造性。人民的幸福是推动中国式现代

化发展的最终目的，不管是改革开放、还是进一步全面深化改革，归根到底都是为了让人民过上更好的日子。面对人民群众对美好生活的新期待，进一步全面深化改革，就要坚持人民至上的价值理念，突出中国式现代化发展的人民性，做到老百姓关心什么、期盼什么，改革就要抓住什么、推进什么。

二是改革依靠人民推动。党的十八大以来，习近平总书记反复强调坚持以人民为中心，坚持人民主体地位，尊重人民首创精神，紧紧依靠人民推动改革。这是对人民在改革中重要作用的深刻诠释，彰显了人民在改革过程中的主体地位。改革是亿万人民自己的事业，人民群众是历史的创造者，是推动改革的力量源泉。人民群众的生活实践蕴藏着矛盾问题的解决思路，汲取人民群众智慧、广泛听取人民群众的意见和建议、寻求人民群众帮助，能有效提高决策科学性。新时代的改革，是进一步全面深化改革，是实现一系列重大理论创新和实践突破的改革，是不断攻坚克难，敢于啃硬骨头，敢于涉险滩的改革，课题越来越深、难度越来越大，必须充分汇聚人民群众这一改革主体的智慧力量，紧紧依靠人民将改革向前推动。

三是改革成效由人民评判。用什么样的标准来判断改革的具体措施和成果，不仅是我国改革进程中面临的一个重大理论问题，也是一个重大评价标准。如果没有一个科学的判断标准，改革就有可能走偏，甚至出现方向性问题。

坚持以人民为中心给出了标准答案。坚持以人民为中心推进改革，不仅意味着要为了人民推进改革、依靠人民推动改革，还意味着人民是改革成效的最终评判者。党中央强调，要“把是否促进经济社会发展、是否给人民群众带来实实在在的获得感，作为改革成效的评价标准”。这一标准是人民利益至上的体现，充分表现出人民在改革成效评判过程中的主体地位。人民评判既是确定改革成效的“度量衡”，又将进一步推动改革走向深入、走向全面，使全面深化改革更加适应人民的愿望和诉求。要始终坚持把人民拥护不拥护、赞成不赞成、高兴不高兴、答应不答应作为评判改革成效的根本标准，坚持人民是改革成效的最高裁决者和最终评判者。

三、全面贯彻坚持以人民为中心的重大原则

新时代的人民政协要围绕助力进一步全面深化改革，始终坚持以人民为中心的价值导向，不断提升政治协商、民主监督、参政议政水平，用实际行动传递根植于民、服务于民的好声音。

*一要聚焦民之所盼，更加精准反映社情民意。*进一步全面深化改革，要求在新时代全面深化改革基础上，改革味道要更浓、成色力度要更足，改革举措要更鲜明，奔着为人民群众办好事办实事解难题上去。要坚持眼睛向下、脚步踏实，

到人民群众意见较多、困难较多、情况复杂的地方去，想方设法了解人民群众在干什么、想什么、希望做什么，从基层实践中找到影响群众生产生活的痛点、堵点、难点问题，综合运用好调研、视察、提案、信息等形式，把基层“民意”快速准确反映上去。要努力探索构建“线上＋线下”“网内＋网外”信息收集机制，使社情民意“一码直达”“一键提交”，助力支撑决策、推动问题解决。

二要回应民生关切，更加有效开展协商议政。紧扣新时代社会主要矛盾的变化，坚持以人民为中心，围绕提高人民群众的获得感、幸福感、安全感，谋良策、支实招、建诤言，让协商议政议在关键处、商在点子上、走进民心里。精选协商议题，注重把就业、增收、入学、就医、住房、托幼养老以及生命财产安全等人民群众最关心的问题纳入协商计划，使协商议政工作更加顺应民心、反映民意、贴近民生。精准协商议政，结合实际，灵活采取双周协商座谈会、对口协商会、专题协商会等形式开展协商；同时注意扩大协商参与面，邀请相关界别委员、专家学者、党派成员参加，力求协商活动在广度、深度以及温度上，让人民群众切实有感。

三要立足实际履职，更加主动倾心为民服务。委员履职“服务为民”，是十四届全国政协立足性质定位、发挥委员优势，创新开展的一项富有特色的活动，是人民政协坚持以人民为中心的生动体现。在进一步全面深化改革进程中，要继续充分发挥政协委员代表性广、专业性强和人才荟萃等优势，紧扣党政所需、群众所盼、政协所能，将宏观议大事与微观办实事有机结合起来；要有重点、有选择、有目的地深入基层一线，聚焦促进民生改善，开展扶危济困、慈善捐赠、志愿服务等社会公益活动，尽心助力增进人民福祉，让人民群众真切感到政协离自己很近、政协委员就在身边、政协在中国共产党的领导下履职尽责，努力在全面建设社会主义现代化国家、全面推进中华民族伟大复兴中留下“人民政协为人民”的闪光足迹。

（作者：全国政协委员，空军原中将副司令员）

构建“放得活、管得住”的高水平社会主义市场经济体制

韩保江

党的二十届三中全会强调，构建高水平社会主义市场经济体制，必须充分发挥市场在资源配置中的决定性作用，创造更加公平、更有活力的市场环境，实现资源配置效率最优化和效益最大化，更好发挥政府作用，既“放得活”又“管得住”，更好维护市场秩序、弥补市场失灵，畅通国民经济循环，激发全社会内生动力和创新活力。

一、“放得活”“管得住”是社会主义市场经济体制的内在逻辑

关于社会主义搞不搞市场经济、搞一个什么样的市场经

济的问题，邓小平同志早在1979年12月就明确指出：“说市场经济只存在于资本主义社会，只有资本主义的市场经济，这肯定是不正确的，社会主义为什么不可以搞市场经济，这个不能说是资本主义。我们是计划经济为主，也结合市场经济，但这是社会主义的市场经济。”1980年12月，陈云同志用“笼”和“鸟”的关系来形容当时的计划和市场的关系。他说：“鸟不能捏在手里，捏在手里会死，要让它飞，但只能让它在笼子里飞。没有笼子，它就飞跑了。如果说鸟是搞活经济的话，那末，笼子就是国家计划。”“计划是宏观控制的主要依据。搞好宏观控制，才有利于搞活微观，做到活而不乱。”1982年7月，邓小平同志又进一步指出：“把计划经济和市场经济结合起来，就更能解放生产力，加速经济发展。”

也正是有这样的认识，既“放得活”又“管得住”，也就自然成为我们党探索建立社会主义市场经济体制目标模式的“内在逻辑”。因此，党的十二届三中全会明确提出我国社会主义经济是“在公有制基础上的有计划的商品经济”。党的十三大进一步提出：“社会主义有计划商品经济的体制，应该是计划与市场内在统一的体制。……新的经济运行机制，总体上来说应当是‘国家调节市场，市场引导企业’的机制。国家运用经济手段、法律手段和必要的行政手段，调节市场供求关系，创造适宜的经济和社会环境，以此引导企业正确地进行经营决策。”党的十四大对计划与市场的关系，以及搞一个什么样的市场经济有了更新的认识，提出“我们要建立的社会主义市场经济体制，就是要使市场在社会主义国家宏观调控下对资源配置起基础性作用，使经济活动遵循价值规律的要求，适应供求关系的变化；……同时也要看到市场有其自身的弱点和消极方面，必须加强和改善国家对经济的宏观调控”。

党的十八届三中全会更深化了对政府与市场关系的认识，创造性地把市场在资源配置中起“基础性作用”变成“决定性作用”，从而更加强调市场的重要性。习近平总书记指出，强调使市场在资源配置中起决定性作用，是因为“市场决定资源配置是市场经济的一般规律，市场经济本质上就是市场决定资源配置的经济”；强调“更好发挥政府作用，不是要更多发挥政府作用，而是要在保证市场发挥决定性作用的前提下，管好那些市场管不了或管不好的事情”；强调“我们是在中国共产党领导和社会主义制度的大前提下发展市场经济，什么时候都不能忘了‘社会主义’这个定语。之所以说是社会主义市场经济，就是要坚持我们的制度优越性，有效防范资本主义市场经济的弊端。我们要坚持辩证法、两点论，继续在社会主义基本制度与市场经济的结合上下功夫，把两方面优势都发挥好，既要‘有效的市场’，也要‘有为的政府’，努力在实践中破解这道经济学上的世界性难题”。

二、“放得活”“管得住”是高水平社会主义市场经济体制的内在要求

社会主义市场经济体制是否高水平，从理论和实践上都要看其是否有利于解放和发展社会生产力，是否有利于激发和增强社会活力，是否有利于提高全要素生产率，是否有利于推动高质量发展。而要构建起这样的市场经济体制，核心问题是要处理好政府和市场的关系，各扬其长、优势互补，既“放得活”又“管得住”。正如习近平总书记所强调的：“我们要通过深化改革，让一切劳动、知识、技术、管理、资本等要素的活力竞相迸发，让一切创造社会财富的源泉充分涌流。同时，要处理好活力和有序的关系，社会发展需要充满活力，但这种活力又必须是有序活动的。死水一潭不行，暗流汹涌也不行。”

“放得活”，本质是“使市场在资源配置中起决定性作用”，让供求机制、价格杠杆、竞争规律来调节利益关系和市场行为，实现资源配置效益最大化。因此，构建“放得活”的高水平社会主义市场经济体制，必须在三方面的制度建设上进一步深化。

第一，要尊重并坚持好物质利益原则。物质利益是驱动经济发展，引领资源配置的原动力，更是市场优化配置资源的支撑点。马克思指出：“人们奋斗所争取的一切，都同他们的利益有关。”邓小平同志也强调：“不讲多劳多得，

不重视物质利益，对少数先进分子可以，对广大群众不行；一段时间可以，长时期不行。革命精神是非常宝贵的，没有革命精神就没有革命行动。但是，革命是在物质利益基础上产生的，如果只讲牺牲精神，不讲物质利益，那就是唯心论。”习近平总书记提出：“高质量发展应该实现投资有回报、企业有利润、员工有收入、政府有税收，并且充分反映各自按市场评价的贡献。”

第二，要健全市场经济基础制度。健全产权保护制度，依法平等长久保护各种所有制经济产权，建立高效的知识产权综合管理体制，完善市场信息披露制度，构建商业秘密保护制度，对侵犯各种所有制经济产权和合法利益的行为实行同责同罪同罚，完善惩罚性赔偿制度。尤其是要加强产权执法司法保护，防止和纠正利用行政、刑事手段干预经济纠纷。健全市场准入制度，优化新业态新领域市场准入环境，彻底拆除制约民营经济发展的“玻璃门”、“弹簧门”和“旋转门”。健全公平竞争制度，加强公平竞争审查刚性约束，强化反垄断和反不正当竞争，清理和废除妨碍全国统一市场和公平竞争的各种规定和做法，既要建立健全统一规范、信息共享的招标投标和政府、事业单位、国有企业采购等公共资源交易平台体系，实现项目全流程公开管理，又要健全企业破产机制，探索建立个人破产制度，完善企业退出制度。健全社会信用体系和监管制度，营造诚实守信社会环境。

第三，要健全要素市场体系。要完善要素市场制度和规则，推动生产要素畅通流动、各类资源高效配置、市场潜力充分释放。构建城乡统一的建设用地市场，培育全国一体化技术和数据市场。尤其要健全劳动、资本、土地、知识、技术、管理、数据等生产要素由市场评价贡献、按贡献决定报酬的机制，防止政府对价格形成的不当干预。

“管得住”，本质是要健全宏观经济治理体系，更好发挥政府作用。习近平总书记指出：“发挥政府作用，不是简单下达行政命令，要在尊重市场规律的基础上，用改革激发市场活力，用政策引导市场预期，用规划明确投资方向，用法治规范市场行为”，是“保持宏观经济稳定，加强和优化公共服务，保障公平竞争，加强市场监督，维护市场秩序，推动可持续发展，促进共同富裕，弥补市场失灵”。

要健全国家战略规划体系和政策统筹协调机制。要构建国家战略制定和实施机制，加强国家重大战略深度融合，增强国家战略宏观引导、统筹协调功能。健全国家经济社会发展规划制度体系，强化规划衔接落实机制，发挥国家发展规划战略导向作用，强化国土空间规划基础作用，增强专项规划和区域规划实施支撑作用。要围绕实施国家发展规划、重大战略促进财政、货币、产业、价格、就业等政策协同发力，优化各类增量资源配置和存量结构调整，探索实行国家宏观资产负债表管理。把经济政策和非经济性政策都纳入宏观政策取向一致性评估。健全预期管理机制，完善国际宏观政策协调机制。

要深化财税体制改革。要健全预算制度，加强财政资源和预算统筹，把依托行政权力、政府信用、国有资源资产获取的收入全部纳入政府预算管理。完善国有资本经营预算和绩效评价制度，强化国家重大战略任务和基本民生财力保障。要统一预算分配权，提高预算管理统一性、规范性，完善预算公开和监督制度。要健全有利于高质量发展、社会公平、市场统一的税收制度，优化税制结构。健全直接税体系，完善综合和分类相结合的个人所得税制度，规范经营所得、资本所得、财产所得税收政策，实行劳动性所得统一征税，深化税收征管改革。要建立权责清晰、财力协调、区域均衡的中央和地方财政关系。增加地方自主财力，拓展地方税源，适当扩大地方税收管理权限。完善财政转移支付体系，规范专项转移支付，增加一般性转移支付，提升市县财力同事权相匹配程度。推进消费税征收环节后移并稳步下划地方，完善增值税留抵退税政策和抵扣链条，优化共享税分享比例。研究把城市维护建设税、教育费附加、地方教育附加合并为地方附加税，授权地方在一定幅度内确定具体适用税率。完善政府债务管理制度，建立全口径地方债务监测监管体系和防范化解隐性债务风险长效机制，加快地方融资平台改革转型。规范非税收入管理，适当下沉部分非税收入管理权限，由地方结合实际差别化管理。同时，要适当加强中央事权、提高中央财政支出比例。中央财政事权原则上通过中央本级安排支出，减少委托地方代行的中央财政事权。

要深化金融体制改革。一方面，加快完善中央银行制度，畅通货币政策传导机制。积极发展科技金融、绿色金融、普惠金融、养老金融、数字金融，加强对重大战略、重点领域、薄弱环节的优质金融服务。完善金融机构定位和治理，健全服务实体经济的激励约束机制。发展多元股权融资，加快多层次债券市场发展，提高直接融资比重。另一方面，健全投资和融资相协调的资本市场功能，防风险、强监管，促进资本市场健康稳定发展。支持长期资金入市。提高上市公司质量，强化上市公司监管和退市制度。完善大股东、实际控制人行为规范约束机制。完善上市公司分红激励约束机制。尤其要完善金融监管体系，依法将所有金融活动纳入监管，强化监管责任和问责制度，加强中央和地方监管协同。健全金融消费者保护和打击非法金融活动机制，构建产业资本和金融资本“防火墙”。推动金融高水平开放，稳慎扎实推进人民币国际化，发展人民币离岸市场。

“放得活”“管得住”，根本上还必须依托“两个毫不动摇”。毫不动摇巩固和发展公有制经济，毫不动摇鼓励、支持、引导非公有制经济发展，保证各种所有制经济依法平等使用生产要素、公平参与市场竞争、同等受到法律保护，促进各种所有制经济优势互补、共同发展，既是高水平社会主义市场经济体制的应有之义，又是支撑“放得活”“管得住”的经济基础。

要“管得住”，就必须深化国资国企改革，完善管理监督体制机制，增强各有关管理部门战略协同，推进国有经济布局优化和结构调整，推动国有资本和国有企业做强做优做大，增强核心功能，提升核心竞争力。为此，不仅要进一步明晰不同类型国有企业功能定位，完善主责主业管理，明确国有资本重点投资领域和方向，进而推动国有资本向关系国家安全、国民经济命脉的重要行业和关键领域集中，向关系国计民生的公共服务、应急能力、公益性领域等集中，向前瞻性战略性新兴产业集中，而且要深化国有资本投资、运营公司改革，健全国有企业推进原始创新制度安排，建立国有企业履行战略使命评价制度。

要“放得活”，就必须加快制定民营经济促进法，深入破除市场准入壁垒，推进基础设施竞争性领域向经营主体公平开放，完善民营企业参与国家重大项目建设长效机制。尤其要完善民营企业融资支持政策制度，破解融资难、融资贵问题，健全涉企收费长效监管和拖欠企业账款清偿法律法规体系，支持引导民营企业完善治理结构和管理制度，加强企业合规建设和廉洁风险防控，支持有能力的民营企业牵头承担国家重大技术攻关任务。

（作者：中国人民政协理论研究会理事，全国政协委员，
中共中央党校（国家行政学院）教授）

以科技安全筑牢国家发展安全基石

伍爱群

科技安全是国家安全的重要组成部分，是推动经济社会发展的关键力量，在国家发展中的重要性愈发凸显。学习贯彻党的二十届三中全会精神，必须深刻认识科技安全对国家发展的基石作用，要以科技安全为着力点，推动国家整体安全的提升。

一、科技安全与国家发展的紧密联系

科技安全涉及国家科技创新、科技成果转化、高科技产业等方面的发展。在新一轮科技革命和产业变革中，科技创新成为国际战略博弈的主要战场，科技安全的重要性不言而喻。谁牵住了科技创新这个“牛鼻子”，谁就能在激烈的国际竞争中占据有利地位，赢得发展先机。

科技安全与国家安全的辩证关系。科技安全是国家安全的重要组成部分，要从辩证角度看待科技安全与国家安全的关系。一方面，科技安全是国家安全的重要保障；另一方面，国家安全又为科技安全提供了稳定的外部环境和发展空间。因此，在加强科技安全工作的同时，必须注重维护国家安全的整体性和稳定性。

科技自立自强与开放合作的平衡。在全球化背景下，科技自立自强与开放合作是相辅相成的两个方面。我们要在坚持科技自主的同时积极推动开放合作。通过加强与国际科技界的交流合作，借鉴国际先进经验和技术成果；同时加强自身创新能力建设，掌握更多核心技术和自主知识产权。这样既能保障我国科技安全，又能提升我国科技实力和国际竞争力。

科技安全与经济发展的相互促进。党的二十届三中全会通过的《中共中央关于进一步全面深化改革、推进中国式现代化的决定》提出：推动科技创新和产业创新融合发展。科技安全与经济发展是相互促进的两个方面。科技创新是推动经济发展的重要动力，而经济发展又为科技创新提供了必要的物质基础和市场需求。在加强科技安全工作的同时，要注重促进经济发展与科技创新的深度融合。通过加强产学研用协同创新体系建设、推动科技成果向现实生产力转化等，促进经济发展与科技安全的良性循环。

二、以科技安全筑牢国家发展基石的基本策略

通过深入学习党的二十届三中全会精神和习近平总书记关于科技安全的重要论述，深刻领悟到科技安全是国家安全的重要基石，也是实现高质量发展的关键所在。要把加强科技安全放到更加重要的位置上来，以更加坚定的信心、更加有力的举措推动科技安全事业不断迈上新台阶。

加强科技创新研发，加快自主创新能力提升。坚持创新驱动发展战略不动摇，不断优化科技创新环境。进一步加强基础研究和应用基础研究，突破一批关键核心技术瓶颈，形成自主可控的技术体系。持续加大科研投入，提升科研人员的创新能力和水平。加强产学研用协同创新体系建设，通过鼓励企业、高校和研究机构之间的合作，促进科技成果向现实生产力转化。

实施关键核心技术攻关工程，推进科技成果转化。聚焦国家重大战略需求和产业发展瓶颈问题，实施好关键核心技术攻关工程。将集中力量办大事的制度优势和市场机制有效结合，在产业优势领域精耕细作，搞出更多独门绝技。建立完善科技成果转化机制，促进科技成果特别是关键核心技术与产业需求对接。加强知识产权保护，鼓励科技人

员将更多的科技成果转化为实际应用。

大力发展高科技产业，加强自主信息技术的推广应用。聚焦战略性新兴产业和现代服务业，加快培育一批具有核心竞争力的高科技企业。通过政策引导和市场机制相结合，推动高科技产业集群形成和发展。着力构建信息安全防御体系，加强网络安全防护和数据安全管理。推动信息技术自主创新和应用示范工作深入开展，提高信息安全保障能力。加强与国际社会合作与交流，共同应对全球性信息安全挑战。

制定有效人才战略，强化科技人才培养。加强科技人才队伍建设工作，加大对科技人才的培养力度。制定有效的人才引进、培养和激励机制。通过优化人才发展环境、提高人才待遇等措施吸引和留住优秀科技人才，切实“允许科技人员在科技成果转化收益分配上有更大自主权”；加强人才培养体系建设工作，建立以创新能力、质量、实效、贡献为导向的人才评价体系。加强与国际科技人才的交流与合作，引进和培养具有国际视野的高端科技人才。

加强科技安全体系体制机制建设，推动科技安全治理能力提升。坚持党对科技安全工作的领导，在国家层面建立集中统一的科技安全领导体制。注重多元主体的协同推进，打造科技、教育、产业、金融等多领域融合的科技安全体系。聚焦国家科技安全重大问题，针对科技要素、科技活动和科技人才等制定安全保障措施。结合人工智能、大数据等新兴技术，建立完善科技安全防范体系，健全科技安全风险评估、预警和应急管理机制。完善科技安全法律法规制度，加强全民科技安全意识宣传教育，筑牢国家科技发展安全防线。

（作者：中国人民政协理论研究会理事，
全国政协委员，上海航天信息科技研究院院长）

进一步全面深化改革必须坚持守正与创新的统一

邓纯东

进一步全面深化改革，必须总结和运用改革开放以来特别是新时代全面深化改革的宝贵经验。坚持守正创新，既是其中一个重要的经验，也是进一步全面深化改革必须贯彻的一个重大原则。

一、改革的总目标是完善和发展中国特色社会主义制度，改革开放全过程中必须坚持社会主义方向不动摇

中国的社会主义制度，是近代以来中华民族求解放、谋复兴奋斗中中国人民付出了极大牺牲和代价的历史性选择，是中国走向现代化、实现中华民族伟大复兴、中国人民走

向幸福美好生活的社会制度。实践中，如何建设社会主义，怎样使社会主义生产力更好更快发展，怎样使中国特色社会主义充满活力、优越性，有一个需要总结经验、发现问题、消除弊端，使许多具体制度更科学、更先进、更完善的问题，这就需要对社会主义许多具体制度进行改革。党的十八届三中全会及党的十九大、二十大、二十届三中全会都明确指出，改革的总目标是完善和发展中国特色社会主义制度，推进国家治理体系和治理能力现代化。

纵观世界社会主义发展史，社会主义国家的改革有两类，具有不同性质、不同内容、不同结果。前苏联及原东欧一些社会主义国家，在20世纪七八十年代纷纷开启了改革。历史表明，这些原社会主义国家的改革，否定了社会主义制度，其结果是这些国家在“改革”旗号下社会主义根本制度变质，为此这些国家及其人民付出了惨重的代价。须看到，中国改革开放的性质、内容、目的，中国共产党一开始就是十分明确的，始终是坚定不移的。党强调要改革开放，同时强调要坚持四项基本原则，并同一切干扰改革开放正确方向的企图进行坚决斗争，使中国的改革开放服务于完善和发展社会主义制度，使中国通过改革开放，开创、形成了中国特色社会主义制度。历史表明，是否坚持社会主义根本制度，决定着社会主义国家改革的成败。

改革开放必须坚定不移，在改革开放过程中坚持社会主义方向也必须坚定不移。改革开放的本质，是要完善、发展中国特色社会主义制度，决不是要否定和改变社会主义根本制度。通过改革开放，使中国特色社会主义制度更有活力、生命力，更加彰显优越性。实行改革开放，必须坚持马克思主义基本原理不动摇，坚持党的全面领导不动摇，坚持中国特色社会主义不动摇。

二、紧跟时代步伐，顺应实践发展，不断进行各方面创新

不断进行各方面的制度创新，是中国特色社会主义制度自身建设规律的必然要求，是进一步全面深化改革的基本任务。

中国特色社会主义经济建设、政治建设、文化建设、社会建设、生态文明建设都需要科学合理的制度保障。改革开放以来，特别是党的十八大以来，我们党高度重视这些制度建设，已经形成比较系统、成龙配套的制度体系。但必须看到，在这五大建设的制度中，仍有不少弱项，甚至有空白点。同时，所有的制度都是对过去经验的总结，都是基于一定历史阶段、历史条件下的认识。时代的前进、实践的发展必然对制度建设提出新要求，一定历史条件下形成的制度必然有些不适应、落后的内容。推进党和国家事业发展，必须适应新的实践要求，对已经落后，显露出不科学、不合理弊端的制度进行调整、改革，各方面制度建设永远在路上。制度创

新是永恒的任务，要以不断的制度创新形成系统完备、科学规范、运行高效的制度体系。

进一步全面深化改革中搞好创新，必须明确创新的目标、方向。对于以中国式现代化全面推进中华民族伟大复兴、完善和发展中国特色社会主义制度来说，创新是一种手段、方式，手段和方式必须为目的服务。服务于中国特色社会主义事业的创新，必须坚持有利于中国特色社会主义事业发展的方向，必须为中国特色社会主义事业不断注入新的动力、新的活力。创新的一切内容，新的制度、新的理念、新的举措，都要有利于解放思想、解放生产力、解放全社会的生机和活力，促进中国特色社会主义事业不断发展。

创新，本质上是在先进理念指引下，寻找新的路径、新的举措、新的办法。无论制度创新、理论创新，或者方式创新、办法创新，都要坚持一切从实际出发、实事求是的思想路线，都要反对脱离实际、主观臆造，都要反对形式主义、官僚主义，使创新全过程贯彻实事求是精神，得出实事求是新认识，形成实事求是新成果。

创新的结果是否真正有效、是否真正有利于推进中国特色社会主义伟大事业，取决于创新过程中是否遵循了创新规律，取决于创新成果是否准确体现、客观反映了事物本身的发展规律。因此，进一步全面深化改革中搞好各方面的创新，必须强调尊重规律、遵循规律，使创新的全过程成为探寻规律、总结规律、形成符合规律认识的过程，使创新得到的成果客观反映规律、体现规律、符合推进党和国家事业发展规律的要求。

三、正确把握守正与创新的内涵，坚持守正与创新的统一

守正与创新，是有着各自特定内涵的两个概念，两者之间是辩证关系、对立统一关系。进一步全面深化改革，必须正确把握守正与创新概念各自的科学内涵，坚持守正与创新的统一。

作为习近平新时代中国特色社会主义思想重要的方法论，守正不是守旧，坚守不是保守，不能把守正理解为因循守旧、故步自封，不能把守正等同于僵化保守、死搬教条，而是要充分认识到，作为马克思主义方法论，守正作为对规律的尊重、对真理的坚守，本身就包含着创新、发展的含义。在这样的守正理念下，坚持党的全面领导决不动摇，本身就包含有在坚持的同时，不断改善党的领导方式、完善党的领导体制、提高党的领导水平等创新内容；坚持马克思主义为指导，本身就包含在马克思主义指导下，要不断搞好“两个结合”，不断推进马克思主义中国化时代化，推进党的理论创新；坚持中国特色社会主义，本身就包含在坚定不移走中国特色社会主义道路实践中，必须不断完善发展中国特色社会主义各方面体制机制。

坚持守正与创新的统一，必须把握创新概念的科学含义和本质要求。作为习近平新时代中国特色社会主义思想重要的方法论，创新是遵循规律的创造，创新的本质是尊重规律、按规律办事。进行这样的创新，本身就包含对历史结论、普遍真理的坚守。进行这样的创新，在改革开放全过程中，必须坚定不移坚持党的领导，在党的领导下有秩序地进行各方面创新，并使所有创新内容有利于完善党的领导；必须坚持以马克思主义为指导，各方面改革创新，改什么、如何改，都要以科学理论特别是习近平新时代中国特色社会主义思想为指导，保证创新内容的准确性、举措的科学性；必须坚持以完善和发展中国特色社会主义制度为目标，所有改革创新的内容要有利于实现这个目标，而不是背离这个目标。

坚持把守正与创新贯穿改革开放全过程。在进一步全面深化改革实践中，该守正的守正、该创新的创新，守正与创新相辅相成、在实践中统一起来。实现这样的要求，首先要在守正全过程中同时进行创新，对所有守正的内容也要进行创新，而不是机械地只有守正、没有创新。其次要在创新的全部实践中坚持守正，必须坚持中国特色社会主义不动摇。要真正做到守正中有创新、创新中有守正，在创新中坚持守正、在守正中实现创新，使守正和创新在进一步全面深化改革全过程中统一起来。

坚持在服务于共同价值目标中实现守正与创新的统一。作为习近平新时代中国特色社会主义思想重要的方法论，这是服务于党和人民认识世界、改造世界的。在进一步全面深化改革中坚持这样的方法论，必须使其中的守正和创新都服务于共同的价值目标。首先是人民至上，以人民为中心，为人民谋利益、谋幸福。这是党的全部工作的出发点和落脚点，也是改革、创新的出发点和落脚点。实践中的守正和创新，守什么、创新什么、如何守正、如何创新，都要以落实人民主体地位，实现人民至上理念，坚持以人民为中心的发展思想，为人民谋利益、谋幸福为根本目的。其次是实现国家治理体系、治理能力的现代化，保证社会治理公平正义。改革的内容、守正的内容是否科学、是否合理，也要以社会治理能不能保证公平正义为价值标准。守正的内容、创新的内容，都有利于实现社会公平正义，就体现了守正与创新的价值目标，就体现了守正与创新的有机统一。最后是以更好的制度，保证以中国式现代化全面推进中华民族伟大复兴。为此进行的守正与创新，内容是否准确、举措是否得当，要看是否有利于更好更快实现这样的目标。要以是否有利于实现中华民族伟大复兴，确定守正创新的内容，确定如何守正、如何创新，并在这样的目标追求中实现守正与创新的统一。

（作者：十三届全国政协委员，
中国社会科学院马克思主义研究院原院长）

以高水平社会主义市场经济体制保障中国式现代化

黄群慧

党的二十届三中全会指出，进一步全面深化改革的总目标是继续完善和发展中国特色社会主义制度，推进国家治理体系和治理能力现代化，到二〇三五年，全面建成高水平社会主义市场经济体制。高水平社会主义市场经济体制是中国式现代化的重要保障，要围绕构建高水平社会主义市场经济体制，深化重点领域的改革，形成以高质量发展推进中国式现代化的有效体制机制，为推动中国式现代化提供重要保障和持续注入强大动力。

一、新时代以来构建社会主义市场经济体制取得了伟大成就

党的十八大以来，以习近平同志为核心的党中央以巨大的政治勇气全面深化改革，把马克思主义基本原理同中国具体实际相结合、同中华优秀传统文化相结合，明确了全面深化改革总目标是完善和发展中国特色社会主义制度、推进国家治理体系和治理能力现代化，推动改革全面发力、多点突破、纵深推进，各领域基础性制度框架基本确立。习近平总书记亲自领导、亲自谋划、亲自推动全面深化改革，将全面深化改革纳入“四个全面”战略布局，主持召开70多次中央深改领导小组、中央深改委会议，构建起制度建设的“四梁八柱”。各方面共推出2000多个改革方案，以“中国之制”推进“中国之治”，为中国式现代化注入了不竭动力源泉，很多领域实现历史性变革、系统性重塑、整体性重构。

经济体制改革是全面深化改革的牵引。新时代以来，我国推动有效市场和有为政府更好结合，不断完善社会主义基本经济制度，加快完善社会主义市场经济体制，坚持“两个毫不动摇”，充分发挥市场在资源配置中的决定性作用，更好发挥政府作用，现代市场体系、宏观调控体系、开放型经济体系等持续健全，为推动高质量发展注入了强劲动力，书写了经济发展奇迹新篇章。

一方面，我国稳步推进高标准市场体系建设，统一开

放、竞争有序的市场体系建设取得积极成效，高效规范、公平竞争、充分开放的全国统一大市场正在加快形成，营商环境市场化法治化国际化水平显著提升。国有经济功能定位、布局方向、调整机制更加明确，民营经济发展环境不断优化，市场准入负面清单制度、公平竞争审查制度深入实施。截至 2023 年底，登记在册经营主体达 1.84 亿户，其中民营企业超过 5300 万户，分别比 2012 年增长了 2.3 倍和 3.9 倍。另一方面，宏观经济治理体系不断健全，宏观经济治理能力现代化水平不断提高，国家发展规划战略导向作用得到有效发挥，推进财政、货币、就业、产业、投资、消费、环保、区域等政策协调配合，宏观调控前瞻性、针对性、有效性进一步提高，有效抵御了国内外重大风险挑战，有力促进了经济持续健康发展。

完善社会主义市场经济体制，要坚持以开放促改革。新时代以来，我国依托超大规模市场优势，实施更大范围、更宽领域、更深层次的全面开放，高水平开放型经济新体制加快建设。外商投资准入前国民待遇加负面清单管理制度全面实行，规则、规制、管理、标准等制度型开放稳步推进，22 个自由贸易试验区和海南自由贸易港建设蓬勃展开，与 29 个国家和地区签署了 22 个自贸协定，与 150 多个国家、30 多个国际组织签署了 230 多份共建“一带一路”合作文件。高水平开放型经济新体制建设有力促进了社会主义市场经济体制完善。

二、高水平社会主义市场经济体制是中国式现代化的重要保障

中国共产党领导中国式现代化的成功经验表明，改革开放是当代中国大踏步赶上时代的重要法宝，是决定中国式现代化成败的关键一招。在经济发展的各个关键时期，中国共产党总是能够通过改革开放破除体制机制障碍，为经济发展释放制度红利，拓展发展空间，这已经成为中国经济发展的重要方法论。社会主义市场经济体制，是我们党坚持守正创新原则、将社会主义基本制度同发展市场经济有机结合的伟大创新，是马克思主义政治经济学与我国发展实践相结合的重大理论成果。习近平总书记指出："在社会主义条件下发展市场经济，是我们党的一个伟大创举。我国经济发展获得巨大成功的一个关键因素，就是我们既发挥了市场经济的长处，又发挥了社会主义制度的优越性。"通过建设和持续完善社会主义市场经济体制，为我国取得世所罕见的经济快速发展奇迹和社会长期稳定奇迹提供了有效的制度保障。社会主义市场经济体制对于解放和发展我国社会生产力具有重大意义。实现社会主义现代化，实现中华民族伟大复兴，最根本最紧迫的任务还是进一步解放和发展社会生产力。

根据党的二十大擘画，到二〇三五年我国要基本实现社会主义现代化，经济实力、科技实力、综合国力大幅跃升，人均国内生产总值迈上新的台阶，达到中等发达国家水平，

建成现代化经济体系，形成新发展格局，基本实现新型工业化、信息化、城镇化、农业现代化。要实现中国式现代化的这些目标，必须进一步完善社会主义市场经济体制，进而实现经济发展质的有效提升和量的合理增长。在未来的现代化新征程中，中国推动经济高质量发展面临百年未有之大变局加速演进、新一轮科技革命和产业变革深入发展以及经济改革发展过程中深层次矛盾逐步显现等新挑战。这更要求构建高水平社会主义市场经济体制，充分发挥市场在资源配置中的决定性作用，更好发挥政府作用，创造更加公平、更有活力的市场环境，实现资源配置效率最优化和效益最大化，既"放得活"又"管得住"，更好维护市场秩序、弥补市场失灵，进而畅通国民经济循环，激发全社会内生动力和创新活力。

高质量发展是全面建设社会主义现代化国家的首要任务。高质量发展需要始终以创新、协调、绿色、开放、共享的内在统一来把握发展、衡量发展、推动发展，需要统筹发展与安全。习近平总书记指出："推动高质量发展面临的突出问题依然是发展不平衡不充分。"这包括支撑经济高质量发展的市场经济基础制度和市场体系还不健全，各类市场主体的内生动力和创新活力还需进一步激发，创新能力不适应高质量发展是我国经济发展的"阿喀琉斯之踵"，发展新动能还亟待加快塑造，产业体系现代化水平有待提高，城乡区域发展还需要进一步协调，绿色发展还不充分，收入分配差距仍然较大，保障和改善民生方面还有突出短板，基本公共服务的均衡性和可及性还需要增强，人民群众的获得感、幸福感、安全感还需进一步提升，等等。因此，要针对发展的不平衡不充分问题，构建高水平社会主义市场经济体制，不断为经济社会发展增动力、添活力，从而为以高质量发展推进中国式现代化提供重要制度保障。

三、构建高水平社会主义市场经济体制建设的关键任务

一是完善落实“两个毫不动摇”的体制机制，推进各种所有制经济优势互补、共同发展。从深化国资国企改革看，要深化使命导向的国企国资分类改革，着眼增强国有经济核心功能、提高核心竞争力，建立国有企业履行战略使命评价制度，推动国有资本向关系国家安全、国民经济命脉的重要行业和关键领域集中，推进重点行业自然垄断环节独立运营和竞争性环节市场化改革，持续推动国有资本和国有企业做强做优做大；从促进非公有制经济发展看，要加快推动民营经济专门立法，聚焦民营经济面临的市场准入、融资、拖欠账款等突出问题，立足推动民营经济和其他各种所有制经济一样依法平等使用生产要素、公平参与市场竞争、同等受到法律保护，持续优化民营经济发展的法治环境、政策环境、市场环境。

二是聚焦构建全国统一大市场和完善市场经济基础制

度，进一步畅通国民经济循环。推动市场基础制度规则统一、市场监管公平统一、市场设施高标准联通，加强公平竞争审查刚性约束，强化反垄断和反不正当竞争，着力破除地方保护和市场分割，构建城乡统一的建设用地市场、全国一体化技术和数据市场、全国统一电力市场等。完善要素市场制度和规则，持续推动要素市场化配置改革，健全劳动、资本、土地、知识、技术、管理、数据等要素市场，持续完善产权保护、信息披露、市场准入、信用监管等市场经济基础制度，夯实市场经济的法治保障，依法平等保护各种所有制经济产权，加强知识产权保护。

三是构建支持全面创新体制机制，进一步为高质量发展提供内生动力。要统筹推进教育科技人才体制机制一体改革，健全新型举国体制，提升国家创新体系的整体效能。在教育改革方面，要深化教育综合改革，加快建设高质量教育体系，分类推进高校改革，建立科技发展、国家战略需求牵引的学科设置调整机制和人才培育模式，形成同人口变化相协调的基本公共教育服务供给机制；在深化科研体制改革方面，要优化重大科技创新组织机制，统筹强化关键核心技术攻关，加强国家战略科技力量建设，改进科技计划管理，强化企业科技创新主体地位，完善中央财政科技经费分配和管理使用机制，深化科技成果转化机制改革，允许科技人员在科技成果转化收益分配上有更大自主权，构建同科技创新相适应的科技金融体制；在深化人才发展体制机制改革方面，要实施更加积极、更加开放、更加有效的人才政策，着力培养造就战略科学家、一流科技领军人才和创新团队、卓越工程师、大国工匠、高技能人才、一流产业技术工人队伍，完善人才有序流动机制，强化人才激励机制。

四是完善宏观经济治理体系，提高宏观经济治理能力现代化水平。科学的宏观调控、有效的政府治理是发挥社会主义市场经济体制优势的内在要求。要完善宏观调控制度体系，更好发挥国家发展规划战略导向作用，完善国家战略规划体系和政策统筹协调机制，全面提高城乡规划、建设、治理融合水平，加强新出台政策与宏观政策取向一致性评估，统筹推进财税、金融等重点领域改革，完善实施区域协调发展战略机制，实现资源配置效率最优化和效益最大化。

五是统筹推进深层次改革与高水平开放，构建更高水平开放型经济新体制。要依托我国超大规模市场优势，稳步扩大制度型开放，主动对标和借鉴高标准市场规则、规制、管理、标准，引进国际高端生产要素，深化外贸体制改革，深化外商投资和对外投资管理体制改革，促进国际国内要素有序自由流动、资源高效配置、国内国际市场深度融合，进一步推进建设市场化、法治化、国际化一流营商环境，优化区域开放布局，完善推进高质量共建“一带一路”机制。

（作者：全国政协委员，
中国社会科学院经济研究所原所长）

深刻理解把握进一步全面深化改革对促进"两个健康"的重大意义

景普秋

改革开放以来，民营经济不断发展壮大，作出了"56789"的贡献，在推动发展、改善民生、促进创新、深化改革、扩大开放等各方面都发挥了不可替代的重要作用。中共二十届三中全会通过的《中共中央关于进一步全面深化改革、推进中国式现代化的决定》（以下简称《决定》），对坚持和落实"两个毫不动摇"、推动非公有制经济发展、健全促进"两个健康"工作机制等作出部署。各级工商联和广大民营经济人士将以深入学习领会习近平总书记关于"两个健康"的重要论述和中共二十届三中全会精神为契机，凝心聚力、奋楫笃行，为全面推进强国建设、民族复兴伟业持续奋斗。

一、深入学习领会习近平总书记关于民营经济发展的重要论述和中共中央相关决策部署

习近平总书记历来重视民营经济发展、关心民营企业家成长。习近平总书记在2018年企业家座谈会上强调，民营经济是我国经济制度的内在要素，是社会主义市场经济发展的重要成果，是推动社会主义市场经济发展的重要力量，是推进供给侧结构性改革、推动高质量发展、建设现代化经济体系的重要主体，也是我们党长期执政、团结带领全国人民实现“两个一百年”奋斗目标和中华民族伟大复兴中国梦的重要力量。在看望参加全国政协十四届一次会议的民建、工商联界委员并参加联组会时强调：“要引导民营企业和民营企业家正确理解党中央方针政策，增强信心、轻装上阵、大胆发展，实现民营经济健康发展、高质量发展”，“党中央始终坚持‘两个毫不动摇’、‘三个没有变’，始终把民营企业和民营企业家当作自己人”。在向全国工商联成立70周年致贺信时强调，工商联要“在加强思想政治引领、促进非公有制经济健康发展和非公有制经济人士健康成长、扎实推动民营经济高质量发展上下功夫，提振信心、凝聚人心，把广大民营经济人士更加紧密地团结在党的周围”，“希望广大民营经济人士切实贯彻新发展理念，大力弘扬企业家精神，争做爱国敬业、守法经营、创业创新、回报社会的典范，为全面建设社会主义现代化国家、全面推进中华民族伟大复兴

贡献力量”。2023年，党中央、国务院先后印发《关于促进民营经济发展壮大的意见》《关于加强新时代工商联工作的意见》等重要文件。广大民营经济人士和工商联干部深受鼓舞、倍感振奋。

二、全面把握中共中央坚持致力于为非公有制经济发展营造良好环境和提供更多机会的方针政策

进一步拓展民营经济发展空间。在破除市场准入壁垒方面，推进基础设施竞争性领域向经营主体公平开放，优化新业态新领域市场准入环境，鼓励和引导企业等社会力量积极参与发展养老、教育、医疗等。在降低生产成本方面，加快发展物联网，健全一体衔接的流通规则和标准，降低全社会物流成本等。在要素保障方面，完善民营企业融资支持政策制度，盘活存量土地和低效用地等。这些改革举措，不仅指明发展方向、稳定发展预期，还将进一步增强要素供给、提升发展动力。

进一步激发民营经济创新活力。《决定》提出“强化企业科技创新主体地位，建立培育壮大科技领军企业机制，加强企业主导的产学研深度融合”、“鼓励科技型中小企业加大研发投入，提高研发费用加计扣除比例”等，特别是关于“构建促进专精特新中小企业发展壮大机制”的要求，进一步激发了民营企业走好专精特新发展道路的信心，有利于加

快打造全链条、全方位服务格局，推动各类市场主体高端化、智能化、绿色化发展。

进一步优化民营经济发展环境。《决定》提出“推进企业注销配套改革，完善企业退出制度”、“健全民营中小企业增信制度”、“加强企业合规建设和廉洁风险防控”等改革举措，对民营企业来说既是规范科学发展的挑战，也是加快发展壮大的机遇。特别是“健全灵活就业人员、农民工、新就业形态人员社保制度”、“全面取消在就业地参保户籍限制，完善社保关系转移接续政策”等新要求，将推动民营企业构建更加和谐稳固的劳动关系，也将进一步形成各类群体高质量充分就业的良好环境。

进一步夯实民营经济权益保障。《决定》从制定民营经济促进法、清偿拖欠账款、规范行政检查和行政处罚等方面提出具体举措，如“防止和纠正利用行政、刑事手段干预经济纠纷”、“完善市场信息披露制度，构建商业秘密保护制度”、“完善劳动关系协商协调机制，加强劳动者权益保障”等。进一步全面深化改革将为民营企业提供更加公平公正的法治保障，有效破解民营企业涉法涉诉方面的疑难问题，提升民营企业家的获得感，坚定持续投入的发展信心。

三、坚决落实中共中央促进各种所有制经济优势互补共同发展的使命任务

各级党委政府是实现中共中央全面深化改革决策部署落地落实的责任单位、主体单位，要始终保持“将改革进行到底”的决心，坚持目标导向和问题导向，确保改革举措落地见效。主要负责同志亲自抓，既挂帅又出征，做到重要改革亲自部署、重大方案亲自把关、关键环节亲自协调、落实情况亲自督察，坚持破立并举、先立后破，不避矛盾、一抓到底。凝聚部门合力一起抓，深入领会全会精神和习近平总书记重要讲话精神，准确把握每一项改革举措的背景和定位、指向和内涵，科学制定任务书、时间表、施工图，厘清责任、到人到事，对标对表、抓深抓透。强化督促检查倒逼抓，将重大改革落实情况纳入巡视巡察内容，持续开展专项督察、全面督察、综合督察，推动各级各方面下足绣花功夫，求真务实、真抓实干，以人民群众满意度检验改革成效。

各级工商联要始终高举改革开放旗帜，顺应改革大势、主动担当作为，以更高站位坚持和落实“两个毫不动摇”、更高水平服务和促进“两个健康”。一要壮大高素质人才队伍。发挥工商联职能优势，积极落实“推动理想信念教育常态化制度化”要求，统一思想、凝聚人心、牢牢抓住年轻一代企业家群体，针对不同领域、不同行业、不同阶段企业开展特色活动，挖掘推荐各领域优秀企业家到更广阔的舞台上

发挥更大作用。二要丰富高质量服务手段。及时反映社情民情，重点收集改革举措落地落实过程中的焦点难点问题。积极协调解决问题，有求必应、无事不扰，把好事办到企业家心坎上。帮助对接优质资源，在政企沟通、项目引进、配套资金、吸纳人才、校企合作、成果转化等方面给予支持。三要培育中国特色商会组织。主动对接行业类商协会组织，积极发动重点产业、新兴产业领域成立商协会，支持专业镇、产业链、开发区成立商协会，指导乡镇（街道）商会更好发挥作用。积极拓展商会职能，提升商会自身发展水平和服务社会能力。四要提升工商联系统合力。切实增强推进改革的政治自觉，健全重点一致、上下呼应的工作机制，健全完善工作评价、履职考评等体制机制，着力提升工商联工作的现代化水平，推动关于健全促进“两个健康”工作机制的重大改革任务落地见效，更好服务党的统一战线工作和经济工作。

广大民营经济人士要深刻领会习近平总书记关于高质量发展的重要论述，自觉投身进一步全面深化改革的伟大实践，以实际行动推动改革任务在民营经济领域落地见效。一要进一步增强对党和政府的信任。深刻领会和把握新时代改革开放取得的伟大成就和进一步全面深化改革的重大意义，坚定拥护“两个确立”，坚决做到“两个维护”，坚定理想信念、增强发展信心，做新时代的奋进者。二要坚持把建立现代企业制度放在首位。把新发展理念、中华优秀传统文化、现代法治思维、党组织功能融入企业治理，健全合规管理体系和风险防控机制，做到产权清晰、决策科学、制衡有效、经营合规。三要集中精力研究形势政策。未来一段时间将是各级各方面深化改革政策举措密集出台期，民营企业要专门组织学习研究相关内容，主动对接相关部门，弄明白、搞清楚本领域、本行业变化趋势。四要结合实际投身中国式现代化建设实践。内外环境不断变化、科技创新日新月异、赛道机遇转瞬即逝，在健全制度、练好内功的同时，也要领会各项改革举措的重大意义，在变化变革到来之前做好应对工作。

（作者：全国政协委员，山西省工商联主席）

尊重创新规律彰显制度优势
以全面深化改革推进科技强国建设

王汝芳

党的二十届三中全会通过的《中共中央关于进一步全面深化改革、推进中国式现代化的决定》（以下简称《决定》）提出，统筹推进教育科技人才体制机制一体改革，健全新型举国体制，提升国家创新体系整体效能。这充分体现了以习近平同志为核心的党中央对人才成长规律和创新发展规律的深刻洞察，充分彰显中国特色社会主义创新机制体系的独特优势，必将为全面激发创新活力、推动科技强国建设提供强大动力和制度保障。

一、充分尊重人才成长规律，注重激发人才创新潜能

科技创新最根本的问题是人才问题。习近平总书记强调："要尊重人才成长规律和科研活动自身规律，培养造就一批具有国际水平的战略科技人才、科技领军人才、创新团队。"党的十八大以来，我国在人才培养、使用、评价、服务、支持、激励等机制方面进行了大力度改革，取得了积极成效，但与中国式现代化实践需求相比，还有较大改进空间。《决定》坚持问题导向，着力解决存在的突出问题，将极大加快国家战略人才力量建设。

提升创新人才自主培养能力。习近平总书记强调："科技创新靠人才，人才培养靠教育，教育、科技、人才内在一致、相互支撑。"高校肩负科技创新和自主人才培养的重任，要加快建设高质量教育体系，统筹推进育人方式、办学模式、管理体制、保障机制改革。要完善立德树人机制，推进大中小思政课一体化改革创新，激励人才主动担负起时代赋予的使命责任。高校学科专业的设置和建设，对教育教学资源的配置起着基础性、导向性作用。要分类推进高校改革，建立科技发展、国家战略需求牵引的学科设置调整机制和人才培养模式，着力加强创新能力培养，提高各类人才素质。要健全需求拉动资源配置、科研团队建设、跨学科合作和产学研协同等政策体系，完善高校科技创新机制。

建设吸引集聚优秀人才平台。习近平总书记强调，"聚

天下英才而用之”；强调，“要为各类人才搭建干事创业的平台，构建充分体现知识、技术等创新要素价值的收益分配机制，让事业激励人才，让人才成就事业”。不用好全球创新资源，就难以建成全球科学和人才中心。美国国家经济研究局（NBER）2022年研究指出，自1990年以来美国约36%的创新产出归功于移民。要加快建设国家高水平人才高地和吸引集聚人才平台，完善海外引进人才支持保障机制，探索建立高技术人才移民制度，形成具有国际竞争力的人才制度体系。是不是人才，用人单位最有发言权。要坚持向用人主体授权，发挥其在人才培养、引进、使用中的积极作用。用好用活各类人才，重在人尽其才。要完善人才有序流动机制，打通高校、科研院所和企业人才交流通道，提高岗位匹配度和适用率。

健全创新人才评价激励机制。习近平总书记强调：“要加快构建更加科学高效的人才管理体制，遵循社会主义市场经济规律和人才成长规律。”人的创新潜能是不断发展的，只能在发展中被发现和印证。要完善青年创新人才发现、选拔、培养机制，更好保障青年科技人员待遇，让其安身、安心、安业。要健全保障科研人员专心科研制度，尽可能地为各类创新人才提供发展的机会、资源和支持。不同学科特点各异，科研规律不同，导向也不一致，要按照人才成长规律和领域、岗位职责要求，建立以创新能力、质量、实效、贡献为导向的人才评价体系。创新本质是对未知的探索，越是原创性工作就越需要自由宽松的环境。要建立以信任为基础的人才使用机制，允许失败、宽容失败，落实“三个区分开来”，激励科研人员开拓进取、干事创业。

二、充分尊重创新规律，注重完善创新生态

创新生态系统是形成创新驱动发展能力的关键。习近平总书记强调：“我国拥有数量众多的科技工作者、规模庞大的研发投入，初步具备了在一些领域同国际先进水平同台竞技的条件，关键是要改善科技创新生态，激发创新创造活力。”《决定》着力完善创新生态，将有利于把我国人口多、受过高等教育的人才多、理工科毕业生规模大、研发人员总量大的优势转化为驱动创新发展的强劲动力。

完善科技成果转化机制体系。当前，全国科技成果90%以上的技术输出由企业贡献，高校、科研院所的潜力发挥还不够。要建立职务科技成果资产单列管理制度，深化职务科技成果赋权改革，解决知识产权保值增值顾虑带来的“不敢转”问题。深化高校、科研院所收入分配改革，允许科技人员在科技成果转化收益分配上有更大自主权，解决收益分配机制不清晰带来的“不愿转”问题。加快布局建设一批概念验证、中试验证平台，加强技术经理人队伍建设，解决科技成果非标特性带来的“不会转”问题。完善首台（套）、首批次、首版次应用政策，加大政府采购自主创新产品力度，推动创

新实现良性循环，助力创新形成迭代机制。国有企业拥有巨大的研发潜能。以中央企业为例，研发投入已突破1万亿元，专职研发人员占全国的1/5，两院院士占全国的1/7。要允许更多符合条件的国有企业以创新创造为导向，在科研人员中开展多种形式中长期激励，进一步激发创新潜能。

提升科技金融服务能力。科技创新往往投入大、周期长、风险高，需要符合其特征、收益风险匹配的科技金融提供全生命周期支持。党的十八大以来，我国科技金融创新与供给取得长足发展，但直接融资比例过低、投早投小相对不足、科技信贷不够等问题依然存在。要更好发挥政府投资基金作用，发展耐心资本，提高创投资金对长周期硬科技的支持能力。鼓励和规范发展天使投资、风险投资、私募股权投资，完善长期资本投早、投小、投长期、投硬科技的支持政策。提高外资在华开展股权投资、风险投资便利性，提高创投对企业的覆盖面。健全重大技术攻关风险分散机制，建立科技保险政策体系，继续提高符合科技型小微企业特点的信贷产品供给，加强对国家重大科技任务和科技型中小企业的金融支持。

强化企业科技创新主体地位。创新是企业家精神的内核。习近平总书记强调："创新链产业链融合，关键是要确立企业创新主体地位。"党的十八大以来，我国注重发挥企业创新主体地位，鼓励企业加大研发投入，支持企业承担国家项目，成效显著，但还需强化。很多关键核心技术突破需要科技领军企业发挥引领需求、集成创新等作用才能实现。要建立培育壮大科技领军企业机制，加强企业主导的产学研深度融合，支持企业主动牵头或参与国家科技攻关任务。专精特新、科技型中小企业是我国经济韧性的重要保障，是未来科技领军企业的摇篮。要构建促进专精特新中小企业发展壮大机制，鼓励科技型中小企业加大研发投入，提高研发费用加计扣除比例。鼓励和引导高校、科研院所按照先使用后付费方式把科技成果许可给中小微企业使用，降低科技成果使用成本，助力中小企业提升科技含量。

三、健全“政府有为、市场有效”的创新机制体系

习近平总书记强调：“坚持社会主义市场经济改革方向，核心问题是处理好政府和市场的关系，使市场在资源配置中起决定性作用和更好发挥政府作用。”《决定》着力推进创新资源优化配置、创新主体紧密协同以及创新战略协调统一，通过有为政府和有效市场有机结合，有组织创新和自发创新协同互补，实现国家创新体系整体效能提升，构建了中国特色社会主义创新机制体系的独特优势。

发挥新型举国体制独特性优势。当前，全球进入大科学时代，科学研究的复杂性、系统性、协同性显著增强，组织化程度越来越高，制度保障和政策引导对科学研究产出的影响越来越大。随着数智技术的发展应用，以其为代表的新质

生产力越来越呈现出技术密集、资金密集、数据密集的态势和特征，科技创新亦从依靠单个创新主体的“小科学”模式向依赖多创新主体协同的“大科学”智能模式转变。国家创新体系整体效能的提升更加依赖战略科技力量组织模式与运行机制的创新。要优化重大科技创新组织机制，统筹强化关键核心技术攻关，推动科技创新力量、要素配置、人才队伍体系化、建制化、协同化。关键核心技术是要不来、买不来、讨不来的。要坚守科技安全底线，构建科技安全风险监测预警和应对体系，加强科技基础条件自主保障。发挥使命驱动与战略引领的牵引作用，改进科技计划管理，强化基础研究领域、交叉前沿领域、重点领域前瞻性、引领性布局。基础研究具有超前性，是整个科学体系的源头。要加强有组织的基础研究，提高科技支出用于基础研究比重，完善竞争性支持和稳定支持相结合的基础研究投入机制。

发挥市场配置资源决定性作用。构建利益共同体有利于创新力量的协同。深圳清华大学研究院等新型研发机构通过企业出题、科研答题，降低了企业从“0 到 1”的创新成本。要鼓励和规范发展新型研发机构，加强创新资源统筹和力量组织，推动科技创新和产业创新融合发展。尊重科研工作灵感瞬间性、方式随意性、路径不确定性等特性，近年来开展的财政科研经费“包干制”试点取得了预期效果。要扩大财政科研项目经费“包干制”范围，赋予科学家更大技术路线决定权、更大经费支配权、更大资源调度权，进一步激发科研创新创造活力。科学研究和技术开发要与市场接轨，做到需求与供给相互牵引、协同发展。要允许科研类事业单位实行比一般事业单位更灵活的管理制度，探索实行企业化管理。

支持非共识多元化异质性创新。创新是一个不断试错的过程。多元创新主体的跨边界协同与异质性创新资源的互补互通，是培育国家创新能力的必要条件。要支持研发主体多元异质化，加强国家战略科技力量建设，强化企业创新主体地位，鼓励有条件的地方、企业、社会组织、个人支持基础研究，支持扩大国际科技交流合作。深化科技评价体系改革，支持基础研究选题多样化，鼓励开展高风险、高价值基础研究，以更为丰富的研发多样性来应对科技创新的不确定性。重大创新思维和原创性、颠覆性创新很难以形成共识的方式通过立项评审。《决定》提出建立专家实名推荐的非共识项目筛选机制，对于鼓励科研人员大胆探索、挑战未知，促进原始创新和颠覆性创新具有重要意义。

（作者：全国政协委员，

九三学社中央常委、研究室主任）

培养和集聚高水平科技人才
支撑科技强国建设

张 凤 鲁 晓

党的二十届三中全会通过的《中共中央关于进一步全面深化改革、推进中国式现代化的决定》（以下简称《决定》）提出，教育、科技、人才是中国式现代化建设的基础性、战略性支撑，必须深入实施科教兴国战略、人才强国战略、创新驱动发展战略，统筹推进教育科技人才体制机制一体改革，健全新型举国体制，提升国家创新体系整体效能。《决定》强调要实施更加积极、更加开放、更加有效的人才政策，强化人才激励机制，为新征程上深化人才发展体制机制改革，建设国家战略人才力量指明了方向和路径。

一、拥有强大的人才自主培养和吸引集聚能力，是推进中国式现代化的基本要素

教育、科技、人才是中国式现代化的基础性、战略性支撑。科技创新靠人才，人才培养靠教育。在建设科技强国、实现中国式现代化的历史征程中，需要加大力度一体推进教育科技人才事业发展，畅通教育、科技、人才的良性循环，不断壮大科技强国的人才根基。从历史上看，许多世界科技强国同时也是教育强国和人才强国，三者存在伴生关系，且共同构成现代化强国建设的关键支撑。我国已进入全面建设社会主义现代化国家、向第二个百年奋斗目标进军的新征程，我们比历史上任何时期都更加接近实现中华民族伟大复兴的宏伟目标，也比历史上任何时期都更加渴求人才。当今世界综合国力的竞争说到底是人才竞争、教育竞争和科技竞争。教育、科技、人才内在一致，相互支撑，要增强系统观念，建设一支规模宏大、结构合理、素质优良的科技人才队伍。党的二十届三中全会对深化人才发展体制改革作出了系统部署，对完善人才自主培养机制、加快建设国家战略人才力量、完善人才有序流动机制、强化人才激励制度、完善青年人才和海外引进人才支持保障机制等方面提出了具体要求。

二、构建支持全面创新体制机制，统筹推进教育科技人才一体改革

党的二十大首次将教育、科技、人才合为一个部分作出专章部署，突出强调科技是第一生产力、人才是第一资源、创新是第一动力，并对教育优先发展、科技自立自强、人才引领驱动作出战略部署。党的二十届三中全会根据全面创新发展的新趋势、新要求，进一步提出要统筹推进发展体系、运行机制、资源配置、完善制度等方面的深化改革，促进三者协同发力、融合发展，构建支持全面创新体制机制。必须按照《决定》要求，深化教育科技人才体制机制一体改革，坚决破除束缚科技创新的思想观念和体制机制障碍，切实把制度优势转化为科技竞争优势。

教育是国之大计、党之大计。建设教育强国是中华民族伟大复兴的基础工程。习近平总书记提出："从教育大国到教育强国是一个系统性跃升和质变，必须以改革创新为动力。"从本质上看，教育是输送人才的主要渠道，在经济社会发展中具有基础性、先导性作用。培养什么人、怎样培养人、为谁培养人是教育的根本问题，党的二十大报告强调要着力培养担当民族复兴大任的时代新人。为此，要统筹推进育人方式、办学模式、管理体制、保障机制改革。分类推进高校改革，建立科技发展、国家战略需求牵引的学科设置调整机制和人才培养模式，着力培养国家战略人才和紧缺人才。

科技是国之利器，是世界格局调整变动的关键变量。推进高水平科技自立自强，建设科技强国，需要协同推进制度、政策等的全面创新，最大限度破除体制机制障碍，激发全社会创新创造巨大潜能。科技本质上是知识的创新性应用，是驱动经济社会发展进步变革的重要驱动力。要发挥新型举国体制的制度优势，以重大战略任务为牵引，改进科技计划管理方式，推动有组织的基础研究，加强以企业为主导的产学研深度融合。

人才是创新的根基，是创新的核心要素。人才是知识传播和进行科技创造的主体，是实现经济社会发展和赢取国际竞争主动的重要战略性资源。当前，我国人才培养与科技创新供需不匹配的结构性矛盾比较突出，需要继续下大气力加以解决。为此，要深化人才发展体制机制改革，加快形成人才培养、使用、评价、服务、支持、激励的有效机制，推动人才培养深度服务国家战略。

三、完善人才自主培养机制，加快建设世界重要人才中心和创新高地

当前，新一轮科技革命和产业变革深入发展，建设科技强国、实现科技自立自强、发展新质生产力的内在需求日益紧迫，需要将教育、科技、人才一体谋划、一体部署的重点放在各类高素质人才培养上，完善人才自主培养机制。一是

自主培养拔尖创新人才。在科学推进高校分类改革的基础上，进一步完善科教融合、产教融合、学科交叉协同育人体系，更新教育教学理念、内容和方法，重点培养具有批判性思维、创新能力的复合型人才。二是加快建设国家高水平人才高地。打造创新载体和吸引集聚人才平台，着力培养国家战略人才力量。既要聚焦国家战略需要明确主攻方向和战略重点，又要瞄准新兴学科尤其是“高精尖缺”学科生长点，打破学科壁垒，以大团队、大平台、大项目支撑战略急需人才培养，努力造就更多的战略科学家、一流科技领军人才和创新团队，着力培养造就卓越工程师、大国工匠、高技能人才，提高各类人才素质。三是完善青年人才发现、选拔和培养机制。建立长效机制保障青年人才成长，建立与青年人才成长规律相适应的科学评价体系，调动青年人才主动性创造性，支持青年人才挑大梁、当主角，为青年人才减负降压，创造良好的科研环境使其安身、安心、安业。四是抓好新型智库人才队伍建设。智库作为凝聚、锤炼、成就人才的重要平台载体，要通过建立有效的人才培养和使用机制，针对智库特色建立人才评价体系，推动梯次分明、能力综合、机制灵活的智库人才队伍建设。

四、以更加积极、开放、有效的人才政策，构筑汇聚全球智慧资源的人才平台

聚天下英才而用之，打造世界重要人才中心和创新高地，

需要在全球范围吸引和集聚人才，需要一系列适应全球人才的制度、政策和创新生态。一是以全球视野完善海外引进人才支持保障机制，形成具有国际竞争力的人才制度。实施多元开放的创新人才引进政策，不断创新交流合作模式，搭建新型国际合作平台，吸引国际创新团队、创新人才。探索建立高技术人才移民制度，构建具有竞争力的人才引进制度体系，持续优化外国人来华工作许可制度，为海外科学家在华工作提供具有国际竞争力和吸引力的环境。二是强化人才激励机制，多措并举用好人才，做到人尽其才。孕育良好的科研生态，建立适宜的人才成长环境，创造尊重知识、尊重人才的氛围，搭建人才平台，让广大人才有施展本领的舞台。坚持向用人主体授权、为人才松绑，建立以创新能力、质量、实效、贡献为导向的人才评价体系，打通高校、科研院所和企业人才交流通道，建立健全公平分配机制。充分释放人才创新创造潜力，为各类人才发挥作用、施展才华提供更广阔的天地。激励战略科学家、领军人才、青年人才和创新团队锐意进取，在推进伟大事业中实现人生价值，为建设科技强国、实现中国式现代化奠定更为坚实的人才基础，作出更大的贡献。

（张凤：全国政协委员，

中国科学院科技战略咨询研究院研究员；

鲁晓：中国科学院科技战略咨询研究院研究员）

后　记

2024年是中华人民共和国成立75周年，也是人民政协成立75周年。学习好贯彻好党的二十届三中全会精神，总结人民政协75年来的历程和经验，深化规律性认识，对于推进人民政协理论创新、制度创新、工作创新，意义重大。

8月27日，全国政协办公厅召开2024年第三季度理论研讨会，以“学习贯彻党的二十届三中全会精神，总结人民政协75年来的发展历程和宝贵经验，以改革创新精神推进新时代人民政协事业发展”为主题，邀请部分政协委员和专家学者，围绕深入学习宣传贯彻党的二十届三中全会精神，学深悟透习近平总书记关于全面深化改革的一系列新思想、新观点、新论断，总结人民政协75年来的发展历程和宝贵经验，落实全会关于政协工作的部署要求等交流学习体会和理论研究成果。这次理论研讨会，是全国政协理论研究工作的一项机制性安排，也是推动学习贯彻党的二十届三中全会精神走深走实的具体举措。

深刻领会新时代新征程进一步全面深化改革的重大意义

改革开放是近半个世纪以来，中国大踏步走向世界、自主自强于世界的不竭动力。

习近平总书记强调："改革开放是当代中国发展进步的活力之源，是我们党和人民大踏步赶上时代前进步伐的重要法宝，是坚持和发展中国特色社会主义的必由之路。"

新时代以来，以习近平同志为核心的党中央，以伟大的历史主动、巨大的政治勇气、强烈的责任担当，冲破思想观念束缚，突破利益固化藩篱，以前所未有的力度开启了气势如虹、波澜壮阔的全面深化改革进程，推动我国迈上全面建设社会主义现代化国家新征程。

委员们一致认为，党的二十届三中全会为新时代新征程上推动改革开放向广度和深度进军作出总动员、总部署，充分体现了以习近平同志为核心的党中央完善和发展中国特色社会主义制度、推进国家治理体系和治理能力现代化的历史主动，以进一步全面深化改革开辟中国式现代化广阔前景的坚强决心。

"我们要充分认识进一步全面改革的历史必然性和现

实紧迫性。”在全国政协委员、中国进出口银行董事长吴富林看来，历史充分证明，改革开放是决定当代中国前途命运的关键一招，而当今世界百年未有之大变局加速演进，我国正处于实现中华民族伟大复兴的关键时期，中国所处的新的历史方位和面临的国内外形势迫切需要把改革开放推向前进。

进一步全面深化改革，总结和运用改革开放以来特别是新时代全面深化改革的宝贵经验是重要一环。

“其中，坚持党的全面领导是进一步全面深化改革要贯彻的重大原则中居于统领地位的首要一条，深刻揭示了我国改革开放事业取得巨大成功的根本原因，是进一步全面深化改革必须牢牢把握的正确政治方向。”全国政协委员、中共中央党史和文献研究院学术和编审委员会原主任陈理认为，形势越复杂、任务越艰巨、挑战越严峻、改革越深入，越是需要坚持和加强党的全面领导，把“两个维护”作为最高政治原则和根本政治规矩，始终保持党的先进性和纯洁性，把坚持党的全面领导贯穿进一步全面深化改革各方面全过程，以钉钉子精神抓好改革落实。

“一分部署，九分落实。”习近平总书记反复强调：“如果不沉下心来抓落实，再好的目标，再好的蓝图，也只是镜中花、水中月。”

研讨现场，不少委员对如何抓落实非常关注，全国政协委员、中国人民政协理论研究会副会长、中央政策研究室副主任唐方裕说："进一步全面深化改革是一项系统工程，抓好改革落实需要清晰的思路、明确的责任、顽强的韧劲。"他认为，抓好改革落实应当采取正确的手段方式，精准把握时度效，同时要注重防止和纠正抓改革落实中形式主义、官僚主义等不良现象，求真务实抓改革、持之以恒抓改革。

随着改革进入了攻坚期、深水区，全面深化改革所面对的复杂性、艰巨性、敏感性前所未有。全国政协社会和法制委员会副主任、东亚银行联席行政总裁李民斌认为，紧扣推进中国式现代化主题进一步全面深化改革，还需运用好辩证法，正确把握改革与发展、积极与稳妥、全面与重点、政府和市场、"自力"与"外力"这五对重要关系，在深水区中流击水，在攻坚期迎难而上。

紧扣中国式现代化主题推动进一步全面深化改革

回顾改革开放波澜壮阔的历程，从"改革"到"全面深化改革"再到"进一步全面深化改革"，既体现了改革决心与方向的一以贯之，更反映出改革层次与内涵的承前启后、递进升华。

尤其是党的二十届三中全会对进一步全面深化改革作出系统部署，更加注重系统集成，更加注重突出重点，更加注重改革实效，提出300多项涉及体制、机制、制度层面的重要改革举措，涵盖中国式现代化建设的方方面面。

“中国式现代化是在改革开放中不断推进的，也必将在改革开放中开辟广阔前景。”全国政协委员、中国人民政协理论研究会副会长、中国社会科学院副院长王昌林认为，进一步全面深化改革，当前和今后一个时期，要紧紧围绕“继续完善和发展中国特色社会主义制度，推进国家治理体系和治理能力现代化”这个总目标来展开，从中国国情出发，遵循现代化发展一般规律，努力探索并创造适合中国式现代化发展的制度体系。

今年全国两会期间，习近平总书记在参加全国人大江苏代表团审议时强调“要因地制宜发展新质生产力”。随着新质生产力从提出、确立、部署到实施，与之相适应的新型生产关系的不断改革创新和调整完善就成为一种必然。

全国政协常委、经济委员会副主任毕井泉提出，加快构建与新质生产力更相适应的新型生产关系，要以激发全社会创新活力为目标，着力解决政府行为与市场作用不兼容、宏观政策取向不一致的问题，完善收入分配机制，深化要素市场化配置体制改革，加强教育、科技、人才体制的“联动改革”，加强知识产权法治建设，加快推进高水平制度型开放。

两位来自地方的全国政协委员——辽宁省政协原主席夏德仁、四川省政协主席田向利，结合地方改革实践，从区域发展的角度分别围绕“奋力谱写中国式现代化东北新篇”和“以改革举措加强国家战略腹地建设”交流了思考和体会。

“东北地区要紧密围绕推进中国式现代化，以经济体制改革为牵引，着力在构建高水平社会主义市场经济体制、开展区域全面创新改革试验、促进城乡融合发展、推进高水平对外开放等重点领域改革中实现新突破。”夏德仁表示，要通过构建具有东北特色的高质量发展的体制机制，推动东北全面振兴。

对于国家战略腹地建设，田向利认为，必须深入学习贯彻党的二十届三中全会和习近平总书记有关重要指示精神，贯彻总体国家安全观，坚持“川渝一盘棋”，打造“一极一源”，更好服务国家重大生产力布局，坚持系统谋划、坚持底线思维、坚持高水平对外开放、坚持生态优先，以改革思维和创新举措加快推进。

为了人民而改革，改革才有意义；依靠人民而改革，改革才有动力。

此次全会在进一步全面深化改革的指导思想中明确“以促进社会公平正义、增进人民福祉为出发点和落脚点”，把“坚持以人民为中心”作为重要原则。抓住人民最关心最直接最现实的利益问题推进重点领域改革同样是交流研讨的重点之一。

全国政协委员、中国人口与发展研究中心主任贺丹的视角在于生育保障体系建设。她认为，落实党的二十届三中全会精神，必须坚持以人民为中心的发展思想，以促进家庭和谐幸福和人的全面发展为目标，深化人口服务管理制度改革，以积极生育保障应对少子化挑战。

强国必先强农，农强方能国强。党的十八大以来，我国农业农村发展取得历史性巨大成就。但仍要看到，全面建设社会主义现代化国家最艰巨最繁重的任务仍然在农村。

作为“三农”领域的专家型委员，中国农业科学院原党组书记张合成认为，坚持农业农村优先发展，是破解城乡融合根本性难题的重中之重，要真正把农业农村优先发展的要求落到实处，以“优先发展”破解发展动力不足、城乡差距、发展与保护、经济循环壁垒、发展机会不均等难题。

以改革创新精神推进人民政协事业高质量发展

2024 年是人民政协成立 75 周年，把学习贯彻全会精神与做好新时代人民政协工作结合起来，总结人民政协 75 年来服务党和国家中心任务的工作经验，深化对政协工作的规律性认识，立足政协性质定位和履职实践，找准新时代加强和改进工作的努力方向和着力重点，是推动人民政协事业高质量发展的应有之义。

“回顾人民政协 75 年发展历程，我们可以清晰地看到，一部人民政协事业发展史，就是一部坚持党的领导、统一战线、协商民主有机结合的历史。”中国人民政协理论研究会原副会长刘佳义解读道，必须始终坚持中国共产党的领导、必须始终坚持大团结大联合、必须始终坚持发扬社会主义民主、必须始终坚持围绕中心大局履职尽责，是人民政协经过

75年的奋斗实践积累的宝贵经验，为做好新时代人民政协工作确立了重要原则。

党的二十届三中全会对健全协商民主机制作出重要部署，明确提出发挥人民政协作为专门协商机构作用，这既为做好新时代新征程人民政协工作指明了方向，也为政协委员履职尽责提供了指引。

全国政协委员，中央社会主义学院原党组副书记、副院长赵凡表示，学习贯彻党的二十届三中全会精神，要提高政治站位，认真贯彻习近平总书记关于发展社会主义协商民主的重要论述和《中共中央关于加强社会主义协商民主建设的意见》，全面落实政协工作领域各项改革要求，聚焦党和国家中心任务，进一步健全协商民主机制，坚持发挥专门协商机构作用。

群众路线是我们党的生命线和根本工作路线，全国政协委员、江苏省政协副主席、中国人民政协理论研究会常务理事惠建林从加强人民政协联系群众机制建设的角度提出，要深刻领悟习近平总书记关于密切联系群众的重要论述，认真落实党中央对政协联系群众工作的重要要求，深化认识全会关于健全协商民主机制的重要部署，进一步加强党建引领、完善工作制度、提升履职能力、丰富平台载体，把联系群众工作进一步做深做实。

值得一提的是，除了现场交流发言，还有不少委员通过书面发言参与了此次理论研讨，分别从经济、文化、科技、教育、医疗卫生、对外开放等各方面提出了在具体实践中进一步全面深化改革的思考体会与建议。

改革开放只有进行时没有完成时。纵观中国改革实践历程，党中央每一次对改革开放进行的科学部署，都对推动中国特色社会主义事业产生了重大而深远的影响。党的二十届三中全会吹响了新时代新征程上进一步全面深化改革的号角，也必将为推进中国式现代化凝聚改革共识，汇聚磅礴力量。